股市脸谱 ①

揭秘涨跌临界点

车岩朝/著

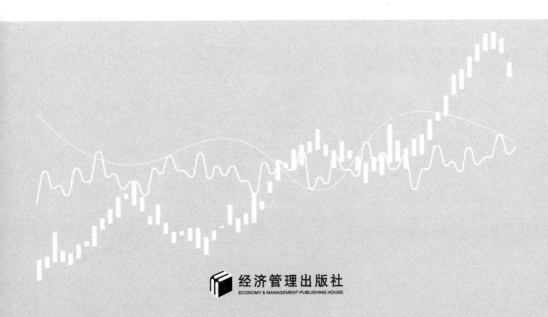

经济管理出版社

ECONOMY & MANAGEMENT PUBLISHING HOUSE

图书在版编目（CIP）数据

股市脸谱之一——揭秘涨跌临界点/车岩朝著. —北京：经济管理出版社，2020.12
ISBN 978-7-5096-7493-2

Ⅰ.①股… Ⅱ.①车… Ⅲ.①股票交易—基本知识 Ⅳ.①F830.91

中国版本图书馆 CIP 数据核字（2020）第 164423 号

组稿编辑：勇　生
责任编辑：勇　生　詹　静
责任印制：黄章平
责任校对：陈晓霞

出版发行：经济管理出版社
　　　　　（北京市海淀区北蜂窝 8 号中雅大厦 A 座 11 层　100038）
网　　址：www. E-mp. com. cn
电　　话：（010）51915602
印　　刷：唐山昊达印刷有限公司
经　　销：新华书店
开　　本：720mm×1000mm/16
印　　张：14
字　　数：240 千字
版　　次：2021 年 1 月第 1 版　2021 年 1 月第 1 次印刷
书　　号：ISBN 978-7-5096-7493-2
定　　价：48.00 元

序 言
股市，我爱你

我爱股市，因为这是个神奇的地方，是个可以实现梦想的地方，是个创造奇迹的地方，不但是冒险家的乐园，也是平民百姓施展抱负的平台。不仅是经济大鳄翻云覆雨的地方，也是寒门弟子鱼跃龙门的地方。这里的每个人都对股市充满迷恋、充满希望、充满斗志、充满梦想，坚强不屈地践行着自己无悔的人生。

我爱股市，这里是我的股市人生。在这里，不用说言不由衷的虚伪话，不用做身不由己的违心事，更不用点头哈腰奴颜婢膝地讨好别人，也没有没完没了的喝坏身体的推杯换盏的无聊饭局。在这里，有力您尽情使，有汗您尽情流，赚了就是您的钱，没有人会找您要回扣，没有人会要您行贿，也没有纠缠不清的三角债。不用偷税漏税做假账，不用办理工商执照，不用学习管理团队。亏了就是亏了，赚了就是赚了，直截了当。账都不用您自己算，电脑都给您计算得好好的。亏了，您不能怨天怨地，只能打掉牙咽到肚子里，含着不屈的泪水，总结自己失败的原因。在这里，没有钩心斗角的商场战争，没有虚头巴脑的客套，没有当面交朋友背后掏家伙的虚情假意，虽然主力很狡猾，但是只要您技艺不错，主力资金还是很乐意和您交朋友的。

我爱股市，爱它的公开、公平、公正。不管哪只股票，都是明码标价，虽不允许讨价还价，但无论草民布衣还是商贾高官，一视同仁，绝不厚此薄彼，不讲关系，不论资历；无论您是区区万元，还是千万资产，它也不嫌贫爱富，只要开市，随时随地交易，您若看着哪只股票不顺眼，不用考虑再三，顾及左右，只要是开盘交易时间，随时随地摔到地上就走，没有一个人会拦您。

我爱股市，爱它的独立、自由、自主。在股市，您完全可以特立独行，不用照顾别人的情绪，不用看别人的面子，只要您认为正确，只要在交易时间内，想买就买，想卖就卖，想什么时候买就什么时候买，想什么时候卖就什么时候卖，不刷卡、不签到、不计考勤，想在家做在家做，想在上海做在上海做，想在北京做在北京做，甚至一边钓鱼也不耽误您一边下单，做好了真的是有钱有闲，不用枉有"世界那么大，我想去看看"的感叹，您真可以去看看。

我爱股市，爱它的省时、省心、投资小、见效快。投资股市，不用租厂房、招员工，设备也就是一台电脑，而且交易时间每天只有4个小时。入市弄懂交易规则特别简单，真的要学习好炒股技术，只要有悟性、有毅力，坚持3~5年就能出师，而且出师之时就是实现终身财务自由之时。

我爱股市，爱它的博大精深、扑朔迷离、不可捉摸、不可预测，有多少才子、专家、学者虽一生无数次的被它的走势调戏，被它的反复无常戏弄，却穷其一生无怨无悔地研究它。

我爱股市，爱它的容纳百川。不管是才子佳人、普通百姓、商界巨贾、高官名流，还是三教九流，它都不分贵贱地统统接纳。

我爱股市，爱它的静。在盘中，一个人、一杯茶、一台电脑、一只股，静得一点声音都没有，但是却能感觉到千军万马的奔腾，感觉到山呼海啸般的暗流涌动，感觉到诡计多端的主力玩猫捉老鼠游戏的刺激，感觉到和市场主力玩你进我退、你退我进或是共进共退的绝妙，感觉到千千万万未曾谋面的坐在电脑前的投资者朋友的志同道合。

我爱股市，爱它的动。不但爱它的波澜壮阔、汹涌澎拜、气吞山河、曲折中前进、螺旋式上涨，也爱它汹涌跌宕、玉石俱焚、横扫一切和细雨绵绵般的下跌；还爱它欲迎还拒、犹抱琵琶和箭在弦上不得不发，或是风雨欲来飘摇欲坠的横盘；更爱它永不消失的激情，能给人永不磨灭的希望。

我爱股市，爱得如痴如醉，爱得死心塌地，爱得无怨无悔！我用毕生的时间来爱它，我把毕生的精力都贡献给它。

股市，我的故事。

股市，我爱你！

我爱你，股市！

前　言

股市是个创造奇迹的地方，一夜暴富的神话、白手起家的传奇吸引着各路英豪纷纷到股市里一显身手。股票的做法可谓五花八门，有价值投资的长捂不卖、有今买明卖的超级短线、有高抛低吸的波段操作……股票方面的书籍汗牛充栋，令人眼花缭乱、目不暇接。炒股软件可谓铺天盖地，神乎其神让人不知所措。但不管每天有多少英雄为它竞折腰，股市还是股市，它根本不管不顾，还是以它令人捉摸不透的方式特立独行。

那么，股价的运行到底有没有规律？

世界上的万事万物都是有规律的。

天地间一切事物都在数中，万事万物的发生、发展、旺盛、衰亡都有定数，万物总是按照其生长基因及时空规律有序地进行演绎。植物的吐芽、生枝、发叶、开花、结果、枯萎、死亡离不开规律，因其种子早就蕴藏着生长程序的密码，动物的怀胎、成形、出世、生长、旺盛、衰败、死亡离不开规律，也是按其先天既定的信息密码有序地演化的。天地的运行，时空的转换，环境、气候的变化，万物的生生灭灭，都有其一定的规律或法则。这规律、法则都归结于数，这规律、法则就是定数。用哲学语言来说，这就是事物发展变化的"客观规律性"。

股价属于万事万物中的一种，所以也是有规律的。

我们打开任何一个股票的K线图，走势都是有涨有跌，没有一直上涨也没有一直下跌的，如果能够准确地找到股价的起涨点切入，再准确地找到股价下跌的临界点及时出来，那该是多么美妙的一件事！为了这件美妙的事，笔者付出了十几年的心血，阅读了大量国内外经典证券理论书，如《道氏理论》《江恩理论》《波浪理论》《股票大作手操盘术》《股票作手回忆录》《证券分析》《混沌理论》《专业投机原理》《时间与周期》《香港股史》《十年一梦》《炒股的智慧》《股市天元》《胜战者》《智战者》《善战者》《短线必杀》《短线必读》等，"短线是银""黑客点击"

系列、"大炒家"系列、"短线天王"系列、"一路涨停"系列等，以及国内外传统智慧书籍《孙子兵法》《道德经》《三十六计》《人性的弱点》《人性的优点》《心理学》等。经过十几年的实战经验，终于发现了股市运行的规律，又经过不断的实战检验，逐渐摸索出了一套方法，从简单的K线、均线和成交量入手，抽丝剥茧，化繁为简，千锤百炼，提炼出简单到只有买点和卖点的操作方法，准确地找到股价上涨和下跌的临界点并及时跟进或者出局，让股票交易变得非常简单轻松。

但是，怎样把它们形象地表述出来，让大家一看就懂，便于理解、朗朗上口而且又易于操作呢？

有一次和大家在一起交流，一个没有炒股的朋友说起同事炒股时说："我每天只要看他们的面部表情就知道股市的升降。"

这句话让笔者醍醐灌顶，股民众生相的脸谱，盘中那一根根K线，不也正是主力的各色脸谱吗？

股市脸谱！就是它了！

笔者的这一套《股市脸谱》系列综合了江恩周期理论、艾略特波浪理论、道氏转折理论、斐波那契神奇数列和走马灯数字等，以及更加符合中国特色的国内大师们的理论，博采众长，采百家花酿一家蜜！当然，这一系列，无论是在继承前辈的理论和发展还是自主创新，敢于构建一种崭新的方法体系，绝对是一个严谨的系统化工程，绝非东拼西凑的拿来主义，也绝非是故作玄虚，其有坚实的哲学基础和在股市现实中大量存在的普遍规律做支撑，最重要的一点是经得起市场的检验，这种检验既包括历史的检验，也包括现在和未来在实战中的检验。

经过这些年的走南闯北以及在商海里的摸爬滚打，笔者最大的感触就是不管从事什么行业，都是与人打交道，所以识人很关键。有很多人，笑呵呵的就是不办事；有的人看似冷淡，其实说话办事很靠谱；有的人说话热情似火，可实际办事的时候就大打折扣；有的人答应办事时很谨慎，办起事来却很认真，从不夸海口；有的人是打着正义的幌子，有着自己的"小九九"；有的人戴着虚伪的面具，道貌岸然；有的人笑里藏刀；有的人看上去就如浴春风……

随着大盘的升升降降、个股的涨涨跌跌、资金的进进出出，不知不觉中，投资者的面庞已不自觉地变成各色股市脸谱。当大盘攀升、各人的自选股池全线飘红时，喜悦会霎时爬上嘴角眉梢，满脸洋溢着兴奋、激动的红光和笑容，好似京剧脸谱中战长沙的红脸关公，此时的脸应该是股市脸谱中典型的喜不自禁脸谱；

当大盘跳水、自选股放眼皆绿时，满心的失望、悔恨、焦虑、痛苦、无奈全身迸发，集中体现在脸上如同叫喳喳的黑脸张飞，这时的脸就是股市脸谱里的愁眉苦脸、痛不欲生的脸谱了。此外，个股普涨而自己的股涨幅不大、大盘下跌自己的股大涨、自选股池有涨有跌……面部的表情也随之丰富多样，于是众多的股民每人一副脸谱，形成了股市中一道独具代表性的风景，比起京剧中的脸谱有过之而无不及。

在京剧脸谱中，黑色脸一般表示刚正猛直的人物、正义凛然的艺术形象；白色脸有的表示奸雄武人，有的表示刚愎自用，还有的表示太监脸，表示人物性情奸诈；红色脸一般表示人物忠勇正直；紫色脸介于黑红两色之间，刚正威严和忠义厚道的人物常用紫色脸；粉红脸一般象征年迈的红脸人物；绿色脸一般寓意勇猛暴躁；蓝色脸一般表示刚强阴险，在脸谱中蓝色与绿色的寓意相近，都是黑色的延伸，表示性格刚强的人物……

前辈艺术家把各种形状画在脸谱里，以一种艺术的表现形式把各色人物的心理活动和性格特征表现得淋漓尽致。

在股市，这不正是主力与股民的众生相吗？用"股市脸谱"形象地诉说交易者与K线的爱恨情仇最合适不过了。

经过股市里十几年的艰苦实战后，笔者觉得认识股票里的这些K线和识人一样重要，于是把这十几年的实战经验总结出的这一套长线与短线兼容、投资与投机并蓄、不再悬乎其神的78个买卖点位，一套股市脸谱战法毫无保留地坦诚给陌生的有缘的读者，希望您能从中受益！

这套战法全面、系统、完整地阐述了股价的运行规律。

其实在资本市场中，再怎么复杂高深的理论、分析、指标、公式等，最终解决的都是一个问题，那就是买点和卖点的问题。于是，笔者把这一根根K线比拟成一张张脸谱，代表具体、精确的买卖点位，并且用脍炙人口的通俗语言表述出来，让股票分析、实战操作不再模棱两可、不可琢磨，而且每个买卖点位的叙述都加上个股案例，图文并茂。同时配以幽默搞笑的投资哲理小故事、投资哲理小幽默，让读者在嬉笑怒骂间加深理解其深刻含义。

棋有棋谱，舞有舞谱，歌有歌谱。做人，说话办事不能不靠谱。那么做股票呢？当然也要有股谱，当认识这些股谱、脑海里存储的股谱足够多且对这些股谱有相当深刻的理解以后，实战交易就会有板有眼，字正腔圆。

　　同时，为避免断章取义，笔者把总结的这一套完整交易系统和盘托出，全部的技术形态共有 78 个，基本上都是买卖点位。笔者的意图是，前三本书每一本讲解 13 个均线形态和 13 个 K 线形态；第四本书把它们贯穿起来整体梳理，重点阐述成交量和股价的关系以及资金的布局；第五本书主要是这十几年的一些个人的投资、人生感悟和实战心得；第六本书是笔者的实战经典案例，阐述股市脸谱的形态在股市中的实际运用；第七本书是讲超级短线，只做强势股中间最强势的那几根阳线。

　　七本书的内容，一套崭新的操作系统，这就是"股市脸谱"系列丛书，望投资者朋友读完后再加上自己的个人投资风格、投资理念、操作纪律，形成自己的一套实战交易系统。

　　诚然，由于笔者水平有限，书中不当之处在所难免，祈望专家、读者不吝赐教。

目　录

第一章　均线篇

第一节　认识均线

什么是移动平均线？所谓移动平均线，是指股价在一定交易时间内的算术平均线。例如，以5日均线为例，将最近5日内的收盘价逐日相加，然后除以5，就会得出5日的平均值，再将若干平均值在图纸上依先后次序连起来，绘出的条线就叫5日移动平均线。10日均线、20日均线、30日均线、60日均线、120日均线等依次类推。

一、均线的作用

1. 揭示股价的趋势

均线最主要的功能是揭示股价波动的方向，是人们判断大盘和个股处于上升趋势还是下降趋势最好的工具。判断的方法是：均线向下，则趋势向淡；均线向上，则趋势向好。短期均线反映的是短期趋势的好坏，中期均线反映的是中期趋势的好坏，长期均线反映的是长期趋势的好坏。

2. 揭示当前市场的平均成本

当股价跌破30日均线时，则说明在这一个月内买进股票的投资者全部被套，如果股价跌破年线，就说明这一年买进股票的投资者也全部被套。当股价上涨突破30日均线时，则说明在这一个月内买进股票的投资者全部获利，如果股价突破年线，就说明这一年买进股票的投资者也全部获利。

3. 均线有助涨助跌的作用

在多头、空头市场中，均线朝上或朝下移动，通常将持续几个星期或几个月之后才会发生反转，改朝另一个方向移动。因此，在股价的上升趋势中，可以将均线看作是多头的防线，具有助涨的作用。然而在股价下跌趋势中，可以将均线看作是空头的防线，具有助跌的作用。

当股价走出盘整上升时，均线就会发挥很强的助涨作用，即使股价偶尔回档，也会受到均线的支撑、止跌向上。当股价走出盘整下跌时，它就会发挥很强的助跌作用，即使股价反弹，也会受到均线的压制而再创新低。

二、均线的支撑和压力

在多头行情中，股价的每次下跌，下面的均线都是支撑。反之，在空头行情中，股价的每次上涨，碰到上面的均线，理论上都是压力。

三、均线的发散与黏合

当均线系统在低位黏合并开始向上发散时，其具有一定的爆发力，而且发散的均线对股价的上涨有一定的助涨性；反之，股价在高位黏合后开始向下发散，说明股价要下跌，而且逐渐形成空头排列的均线系统不支持股价上涨。

四、均线的稳定性和滞后性

均线和 K 线形态相比较，有一定的稳定性，也相对比较滞后。同时，股价有向均线回归的自然属性。

了解了均线的作用和特点以后，便于我们在实际操作中灵活地去运用。

第二节　设置均线

我们现在所用的看盘软件，均线参数的默认设置一般都是 5、10、20、30、60、120 等，在使用软件的时候，我们也可以对均线参数进行设置。在设置均线的参数之前，我们先来认识一组神奇数字，这组数字为 1、2、3、5、8、13、

21、34、55、89、144、233、377、610、987、1597……直至无限。这组神奇数字系列是斐波南希在 14 世纪时发现的，因此此数列一般被称为"斐波南希数列"。构成斐波南希神奇数字系列的基础非常简单，由 1、2、3 开始，而 3 实际上为 1 与 2 之和，以后出现的一系列数字，全部依照上述简单的原则，将两个连续出现的相邻数字相加，得出后面的一个数字，由此产生无限数字系列。例如：3 加 5 等于 8，5 加 8 等于 13，8 加 13 等于 21……直至无限。表面看来，此数字系列很简单，但背后却隐藏着无穷的奥妙。

俄罗斯著名数学家韦罗斯利夫曾经在发表的神奇数字研究论文报告中，提示了许多有关斐波南希神奇数字的神秘性。

一、神奇的数字系列

（1）除了最前面的四个数字之外，任何一个数字与其后第二个数字之商，都约等于 0.382，如 $8 \div 21 \approx 0.381$，$21 \div 55 \approx 0.382$，$55 \div 144 \approx 0.382$，等等。

（2）除了最前面的四个数字之外，任何一个数字与紧随其后的一个数字之商，都约等于 0.618，如 $8 \div 13 \approx 0.615$，$13 \div 21 \approx 0.619$，$21 \div 34 \approx 0.618$，等等。

（3）除了最前面的四个数字之外，任何一个数字与紧接其前的一个数字之商，都约等于 1.618，如 $13 \div 8 \approx 1.625$，$21 \div 13 \approx 1.615$，$34 \div 21 \approx 1.619$，等等。

（4）除了最前面的四个数字之外，任何一个数字与其前第二个数字之商，都约等于 2.618，如 $21 \div 8 \approx 2.625$，$34 \div 13 \approx 2.615$，$55 \div 21 \approx 2.619$，等等。

（5）任何相邻两个数字相加之和等于后面一个数字，如 $1 + 2 = 3$，$2 + 3 = 5$，$13 + 21 = 34$，等等。

（6）两相隔神奇数字的高位神奇数字的平方减去低位神奇数字的平方，两平方数字之差的结果必然属于另一个神奇数字。例如：$5 \times 5 - 2 \times 2 = 21$，$8 \times 8 - 3 \times 3 = 55$，等等。

（7）在波浪理论中，波浪比波浪之间的比例，经常出现的数字，包括 0.382、0.618 以及 1.618 等，这些数字中的 0.618 我们亦称为黄金分割比率。实际上，上述比率的来源，亦来自神奇数字系列。

有人说这些数字是从研究金字塔中所得出的，和金字塔上的奇异数字息息相关。金字塔的几何形状有 5 个面、8 个边，总数为 13 个层面。由任何一边看，都可以看到 3 个层面。金字塔的长度为 5813 寸（5-8-13），而高底和底面百分比率是 0.618，即上述神秘数字的任何两个连续的比率，例如，89/144 = 0.618，144/233 = 0.618。

另外，有人研究过向日葵，发现向日葵花有 89 个花瓣，55 个朝向一方，其余 34 个朝向另一方。

二、神奇数列与比率的研考

那我们怎么利用这些神奇数字呢？当把它运用到股市，设置为均线参数时，神奇就出现了，就是当股价运行到某个底部时，只要 13 日均线走平上翘，股价站上 13 日均线，就是股价浩浩荡荡行情的开始，接下来 13 日均线向上运行依次穿越 34 日均线、55 日均线、89 日均线、144 日均线、233 日均线、377 日均线、610 日均线、987 日均线时，基本上都是股价发生质变（上涨）的临界点。反之，当 13 日均线在高位走平开始下行时，13 日均线在依次下穿 34 日均线、55 日均线、89 日均线、144 日均线、233 日均线、377 日均线、610 日均线、987 日均线时，基本上都是股价发生质变（下跌）的临界点。而且在上涨过程中，股价冲过了 55 日均线，下一个目标就是 89 日均线，也就是说，股价站上 55 日均线后，上涨的空间就是股价和现在 89 线的距离，股价每上涨一个阶段性行情的高度时，高点一般就是某一个神奇数字。这样，再配合一些 K 线形态，我们就能准确地找到股价上涨和下跌的临界点。

我们暂时先把看盘软件的日均线参数设置为 13、34、55、89、144、233、377、610，再把 5、8、21 单独设置一套作为我们的操盘使用。看盘均线是选股、分析股票用的，操盘均线是具体买卖时用的。

除了上述的神奇数字，还有必要再说说 5 和 13 这两个特别神奇的数字，这也是我们实战中使用最多的两个数字，所以要多花些笔墨。

三、数字 5 的神奇以及 5 日均线

1. 人体是"五"的大集合

人有五个手指头、人的脸上有五官、身体有五脏；

最虔诚的敬拜是五体投地；

唱歌被称为五音；

人生还被称为五味杂陈。

2. 自然界遍地都是"五"

五岳：泰山、华山、恒山、衡山、嵩山。

五湖：洞庭湖、鄱阳湖、太湖、巢湖、洪泽湖。

五色：青、赤、黄、白、黑。

五谷：稻、黍、稷、麦、菽。

3. 社会生活中"五"不胜枚举

一周工作日：五天。

人民币有：五分、五角、五元、五十元。

五金：金、银、铜、铁、锡。

世界通用音乐记谱：五线谱。

4. 传统文化与"五"密切相关

五行：木、火、土、金、水。五行学说是中国传统文化和中国古代哲学的核心。中国博大精深的天文、历法、儒道学莫不源于五行智慧。

古代帝王被称为"九五之尊"。"九"和"五"象征帝王权威。

3000年前的中医圣经——《黄帝内经》就讲，人要长寿就要遵循"五谷为养、五果为助、五畜为益、五菜为充"的膳食平衡原则，要吃五色、五味、五香的食物以扶正固本，健康长寿。

当如此多的"五"出现在我们的生活当中时，巧合之说就显得那么不堪一击了。

从阴阳五行的角度来讲数字五对应着水火土木金中的"土"。传统观念认为万物生于土。从人体的五脏六腑来看，五对应着"脾"。脾为后天之本，主运化。我们每天吃的食物通过脾的运化之后变成人体所需要的精华然后布疏全身，以满足五脏六腑的生存需要，从而保障人体的各项生命活动。脾在人体中的这一重要使命，也暗合自然界中万物生于土之道，同时也昭示着与此对应的数字五的重要与神奇。

我国古人把数字分为生数和成数，1、2、3、4、5为生数。6、7、8、9、10为成数。每一个生数加上五都变成了一个成数：生数1+5=成数6，生数2+5=成数7，生数3+5=成数8，生数4+5=成数9，生数5+5=成数10，由"生"入"成"，有了数字五的参与，一切都变得神奇。

五是一个自然之数，一个平衡之数，一个和谐之数，是大自然的选择，是一种至高的境界。

这么普遍与神奇的数字 5，在股市中有何表现呢？

打开 K 线图，把均线参数设置为 5，将其他的均线都去掉，观察图 1-1、图 1-2、图 1-3、图 1-4、图 1-5、图 1-6、图 1-7、图 1-8。

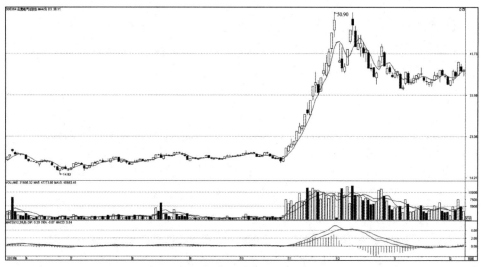

图 1-1　一类强势股的上涨段都是沿着 5 日均线上涨

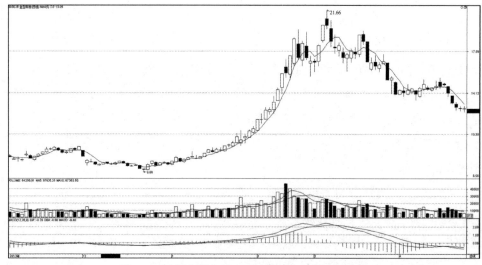

图 1-2　强势上涨中的 5 日均线就像画的一样飘逸

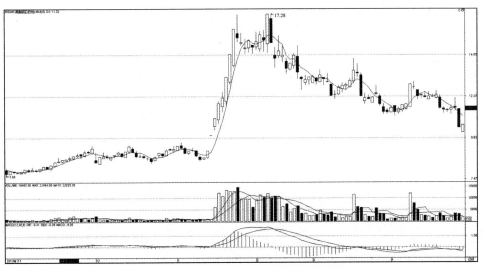

图1-3 上涨时的5日均线是最强力支撑

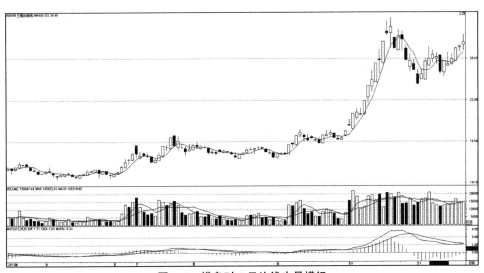

图1-4 横盘时5日均线也是横行

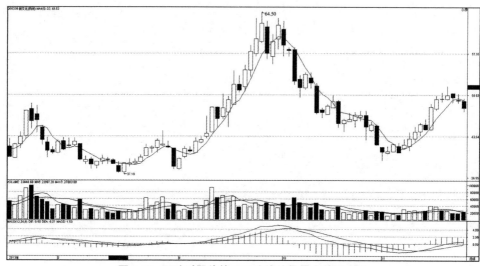

图 1-5　下跌时股价的 5 日均线就是最大的压力线

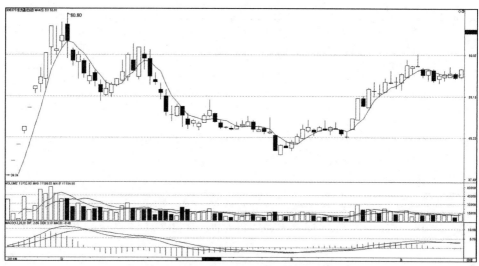

图 1-6　股价不好好走时 5 日均线方向也不明

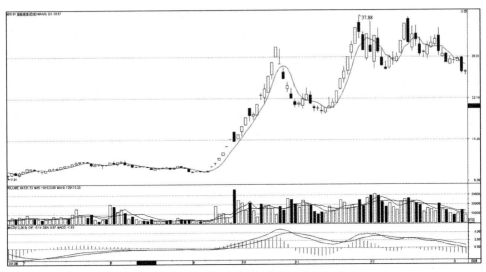

图 1-7　K 线和 5 日均线的配合就像艺术品

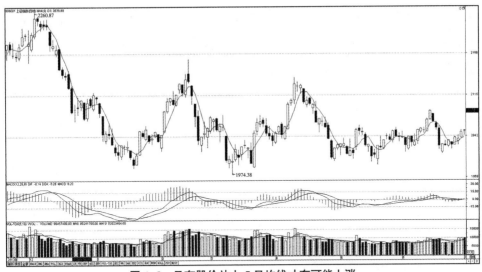

图 1-8　只有股价站上 5 日均线才有可能上涨

从表面上我们都会发现：只有股价站上 5 日均线，才会上涨，而且股票强势的那一波段基本都是依托 5 日均线在强势拉升，只要 5 日均线不走软，股价就掉不下来，但并不是所有站上 5 日均线的股票都会上涨，我们在这里只是说说 5 的神奇，您只要记住 5 的神奇就可以了，至于它的用法有很多，后面的章节会讲到，到时您就会叹服 5 的神奇绝非空穴来风。

四、数字 13 的神奇及 13 日均线

西方人最忌讳的数字是 13，因此在现实生活中人们千方百计地避开它。例如，在荷兰很难找到 13 号楼和 13 号的门牌，他们用"12A"代之；英国的剧场没有 13 排和 13 座；法国的 12 排和 13 排之间通常是通道。甚至飞机上没有 13 座，楼层、电梯无 13 层等。此外，人们还忌讳 13 日出游、13 人同席就餐、上 13 道菜等。

不仅是普通人，名人也惧怕"13 日"和"星期五"。每当这时，歌德总是睡大觉，拿破仑绝不用兵，俾斯麦不签署任何条约，即使是不触动任何人根本利益的文件他也不愿签字。

可是，在中国，13 这个数字是一个吉利数字。它的典故源于乌龟。乌龟体表具有特殊的龟壳，头尾和四肢可以从龟壳中伸出缩入，整个身体呈盒状，龟壳是硬的，壳上有六边形的花纹，大约是 13 块。并且这 13 块都是按照 454 的规律来排列。所以在中国人的语境中，骂人的话"您真是一个十三点"的本意其实就是骂人家"您真是一个乌龟""您真是一个王八"。其中不仅仅是骂人不中用，做缩头乌龟的意思，也有长寿，健康，会保护自己的意思。我们常说"千年乌龟万年鳖"就是说乌龟在中国人的心目中不是无能的象征，而是"长寿永祚，福禄恒久"的意思。

纵观古今，数字 13 在中国都是一个吉祥、高贵、神奇之数。

（1）佛教里的 13 是大吉数，佛教传入中国宗派为 13 宗，代表功德圆满，如布达拉宫 13 层、天宁佛塔 13 层、儒家有 13 经等。

（2）在《周易》81 数理灵意中，13 也是大吉大利之数，13（春阳牡丹）是智能超群的成功数（大吉）。

（3）《孙子兵法》有 13 章。

（4）《黄帝内经》提出了 13 首方剂。

（5）13 乃帝王之数，是皇帝的独享，象征的是一种权力，一种帝王的权力。

……

关于 13 的神奇传说和巧合古今中外还有很多：

美国宣布独立时有 13 个州。

美国国旗主体由 13 道红、白相间的宽条组成。

古埃及最大的金字塔的入口离地面 13 米。

数字 13 真正称得上神奇的，是在玛雅文明！玛雅文明形成于公元前 2500 年左右。13 象征着神明所居住之天界中的层级数。

特奥蒂瓦坎古城，几个主要建筑和太阳系的行星分别对应。古城建于公元前 200 年。1609 年伽利略发明了天文望远镜，并以此发现了一些可以支持日心说天文现象，也就是说早在 2000 年前，玛雅人就已经知道了地球是绕太阳转的，并且知道了太阳系行星排列置！最大的太阳金字塔和埃及吉萨大金字塔（公元前 2600 年建立）周长一样！欧洲人 4000 年后才发现新大陆。

玛雅历法：玛雅有多种历法，不同历法针对不一样，算法不一样，但都由以下几个数字组成：1 金可能是指行星公转轨迹 1 度（圆划分 360 度这个概念，在公元前 6000 年至公元前 2500 年，巴比伦文明已有），20 基数（20 进制），18 代表天体，13 代表人和神。

玛雅水晶头骨：13 个传说这些水晶头骨里隐藏了有关人类起源和死亡的资料，能帮助人类解开宇宙生命之谜。

……

那么，说了这么多，吉利也好，忌讳也罢，13 在股市中究竟怎样应用呢？

我们还是先看看该数在股市中的客观存在：先把其他的均线参数都去掉，就剩下一根均线，参数设为 13，如图 1-9、图 1-10、图 1-11 所示。

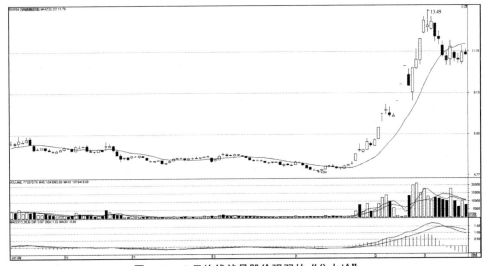

图 1-9　13 日均线就是股价强弱的"分水岭"

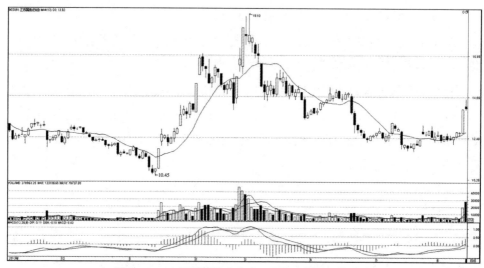

图1-10　13日均线没有力度，股价上涨就没有力度

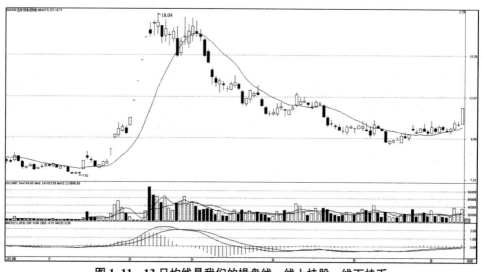

图1-11　13日均线是我们的操盘线，线上持股、线下持币

　　由于篇幅所限，这里不能列举太多，细心的读者可以打开电脑翻翻，看看是不是有这样的规律：只要13日均线是平或者向下，股价运行在13日下面，股价运行的主旋律就是跌，这时我们要捂紧钱袋，空仓观望，即便做也只能做反弹，高度也就是13日均线附近；13日均线向上，股价运行在13日均线的上面，股价这个时候运行的主旋律就是涨，我们只需牢牢地持股不动，就能享受上涨给我

们带来的收益和乐趣。个股只有处在 13 日均线之上，才具备操作价值，是追涨还是低吸？还要结合后面章节里讲的其他的一些技术手段进行，但不管怎么说，个股运行在 13 日均线之上是其强势特征的具体表现。

我们研究 5 和 13 的神奇，是要用它的结果和规律，再加上一些其他的方法技巧，就可以精确地找到股价涨跌的临界点了。具体结合什么技术手段，我们在后面将详细讲解。

五、数字 142857 的神奇及均线设置

142857 这组数字又名走马灯数，被发现于埃及金字塔内。

这组看起来平凡的数字，为什么说它最神奇呢？

我们把它从 1 乘到 6 看看：

$142857 \times 1 = 142857$

$142857 \times 2 = 285714$

$142857 \times 3 = 428571$

$142857 \times 4 = 571428$

$142857 \times 5 = 714285$

$142857 \times 6 = 857142$

同样的数字，只是调换了位置，却反复地出现。

那么把它乘以 7 得数是多少呢？

我们会惊奇地发现 $142857 \times 7 = 999999$

我们再把 142857 进行分拆，那么：

$14 + 28 + 57 = 99$

$142 + 857 = 999$

$1 + 4 + 2 + 8 + 5 + 7 = 27, \ 2 + 7 = 9$

它们的单数和竟然都与 9 相关。

依次类推，上面各个神秘数，它们的单数和都是 9 且它的双数和为 27，是 3 的三次方。

规律：1~6 乘同样的数字，其结果只是数字调换了位置，却反复地出现。

此外，这里再罗列一下这组神奇数字与能被 7 整除的自然数的个数关系：

10 以内 1 个；

100 以内 14 个;

1000 以内 142 个;

10000 以内 1428 个;

100000 以内 14285 个;

1000000 以内 142857 个;

10000000 以内 1428571 个。

了解了这些神奇数字以后,最重要的是我们要把它们的神奇效果应用到股市里面。具体怎么神奇,我们一章一章地看。前文我们把看盘软件的日线均线参数设置为 13、34、55、89、144、233、377、610(把 5、8、21 单独设置一套作为我们的操盘使用),现在再拿出来稍加修改,使之与斐波南希数列和走马灯数字综合,如此就会产生另一种奇特结果!

首先,我们把第一个神奇数字 13 改为 14,不要小看这一天,很多时候神奇就在这一天!14 既是走马灯数字,又是江恩周期,还是两个周,同时还具备 13 的神奇作用。其次,把第二个神奇数字 34 改为 28(四周)。最后,把第三个神奇数字"55"改为 57(55 和大家常用的 60 日均线的近似平均值)。经过千锤百炼得出我们的看盘均线参数 14、28、57、89、144、233、377、610,再把 5、8、21 单独设置一套作为我们的操盘使用。看盘均线是选股、分析股票时用,操盘均线是具体买卖时用。

这组均线参数看起来不起眼,但是它综合了神奇的斐波南希数列、江恩周期、道氏转折理论,在实战中可以让许多模棱两可、模糊不清、似是而非、不知所以的走势、价格变得清晰又神奇。

接下来,看看我们的这一套参数与股市实际走势的结合会出现什么样的神奇吧!

第三节 均线形态

一、拉开序幕

"拉开序幕"就是指电影或者话剧的开演，比喻某起事件的开始。通常起到激起旁人关注欲望的作用。

在股市里，一只股票经过长时间的下跌以后，14 日均线慢慢走平，股价开始慢慢进行整理，成交量在不知不觉中温和放大，14 日均线开始上翘，28 日均线慢慢开始走平。某一天，14 日均线向上穿越 28 日均线。我们把 14 日均线上穿 28 日均线这样的技术走势称为"拉开序幕"，用来比喻股价的一波行情的开始。

股价经过长期下跌以后，14 日均线逐渐由陡峭急速的下跌变为平缓的下跌再慢慢走平，然后上翘，穿越 28 日均线。如此现象，说明有一股力量在暗暗涌动，也就是说有人在悄悄地吸筹，这个时候的 K 线多是小阴小阳，而且带上下影线的居多，这些小阴小阳夹带着带十字星的 K 线通常是随着温和的成交量、低迷的市场气氛、隐隐约约的利空传闻和投资者失望沮丧的心情。但是，对于一个细心的、敏锐的股市猎人来说，主力资金的这一切动作是无法隐瞒的，尽管主力资金极力隐藏其吸货行为，但庞大的资金量还是能透露出一丝不愿诉说的无奈，看盘高手还是能从 K 线图、成交量、均线的变化上去发现主力资金悄悄进驻的一些蛛丝马迹，其明显特征就是 14 日均线的陡峭下跌变为平缓下跌，再变为慢慢走平，又在不知不觉中上翘。

案例 1：上海石化（600688）

受当时新冠肺炎疫情影响的中国，很多企业开始生产口罩，上海石化也加入口罩概念行列，2020 年 2 月 28 日，该股当天收出一根大阳线，盘面上的技术走势，在结束了几个月的下跌之后，14 日均线慢慢上翘，上穿 28 日均线，形成"拉开序幕"的技术走势，股价在头一天受基本面的利好刺激影响提前启动，8 个交易日，把股价从 3.71 元拉到 5.45 元，涨幅 31.93%（见图 1-12）。

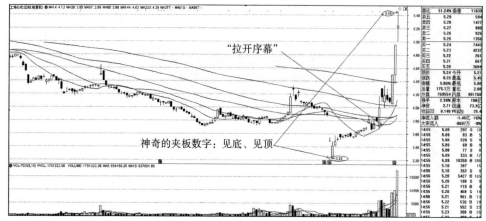

图1-12 "拉开序幕"是一波行情的开始

在这里面有一个细节：神奇作盘数字——夹板数。在《股市脸谱之二》里有详细描述，此处不再赘述，请细心的读者对着电脑仔细观看。

案例2：南国置业（002305）

2020年3月2日，沉寂了一年之久的南国置业（002305），14日均线上穿28日均线，股价要"拉开序幕"了，K线形态当天也以涨停板收盘，接下来走出了5天5连板波澜壮阔的行情（见图1-13）。

图1-13 "拉开序幕"的节点处是容易发生行情的地方

案例 3：顺威股份（002676）

2020 年 3 月 3 日，在底部横盘了将近两年的顺威股份（002676）的 14 日均线上穿 28 日均线，K 线形态也收出了一根温和放量上涨的阳线，第二天调整一天，股价就展开连拉涨停板上攻，9 个交易日拉了 7 个涨停板，把股价从 2.99 元一口气拉到了 5.81 元（见图 1-14）。

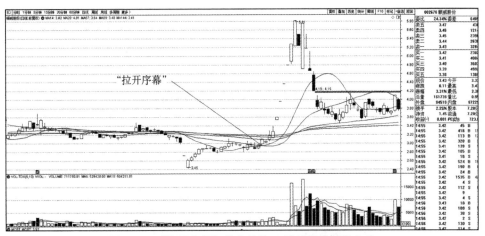

图 1-14　"拉开序幕"节点处的 K 线最好是量价齐升

案例 4：通光线缆（300265）

2020 年 3 月 2 日，在底部横盘了将近两年多的通光线缆（300265）的 14 日均线上穿 28 日均线，但是 K 线形态的成交量比价温和，休整两天，盘中爆出巨量上攻 57 日、89 日、144 日、233 日、377 日五根均线，然后开启了暴涨模式，把股价从 6.93 元 14 个交易日拉到了 19.84 元（见图 1-15）。

案例 5：ST 沈机（000410）

2019 年 9 月 9 日，对于 ST 沈机（000410）来说，是一个非常好的日子，数字非常吉利，里边有 3 个 9。股价走势也非常好，涨停报收。14 日均线上穿 28 日均线，股价要"拉开序幕"，接下来 9 个交易日把股价从 5.36 元一口气拉到了 7.86 元，涨幅 31.81%（见图 1-16）。

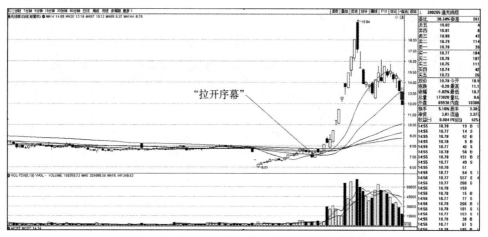

图 1-15　"拉开序幕"是一个很好的介入点位

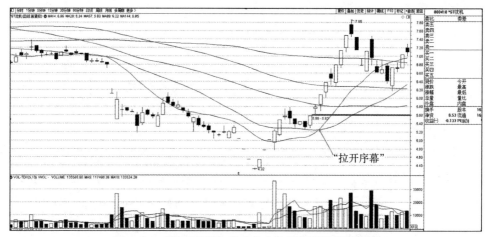

图 1-16　"拉开序幕"的介入点位很多时候容易暴涨

案例6：远大智能（002689）

2020 年 3 月 3 日，在底部"蓄势待发"的远大智能的 14 日均线上穿 28 日均线，K 线形态也收在了 14 日均线上穿 28 日均线的节点处，是一根温和放量上攻的阳线，第二天即展开连拉 7 个涨停板的走势，股价翻番（见图 1-17）。

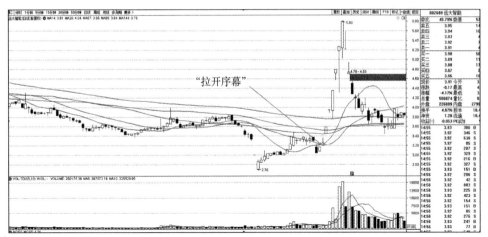

图 1-17 连拉涨停暴涨式的"拉开序幕"

投资哲理小故事

风 险

一个年轻人拿着猎枪来到深山，这时，一个老人拦住了他："小伙子，这里可不是好玩的地方，危险！"

年轻人好奇地问："什么危险？"

老人道："山里面有老虎，还有豹子等猛兽，经常有人送命啊。"

"是吗，太好了！"年轻人兴奋极了："我来就是想打老虎的，它们的皮可值钱了。"

投资感悟

因为股价常常会有很大幅度的波动，所以股市是一个充满风险的地方，但是很多投资者正是冲着股价的波动来的，因为这给了他们套利的机会。股市就像一只老虎，虽然有时会伤人，但虎皮很值钱。如果您认为自己有武松的本领，虎皮还是很值钱的！

投资哲理小幽默

买　书

一个人在书店买书，他对店员说："我想买本书，里面没有凶杀，却暗藏杀机；没有爱情，却爱恨难舍；没有侦探，却要时时警惕。"

"你能给我介绍一本吗？"

"只有这个"，店员说："《中国股市行情》"。

投资感悟

股市，投资的场所，表面上看着很平静，有法可依，有规可循，实际上硝烟弥漫，残酷性不亚于战争，没有凶杀，却杀机四伏；没有爱情，却爱恨难舍；没有侦探，却要时时警惕！

股市谚语：如果您爱一个人就带他去股市，那里是天堂；如果您恨一个人也带他去股市，那里是地狱。

二、战斗打响

"战斗打响"，顾名思义，就是一波轰轰烈烈的行情开始了，因为战斗都已经打响了！看《动物世界》里面的动物在捕捉猎物时，在动手之前，极力地隐藏自己，但是一旦窜出来行动时，它就不再在意隐身的问题，只在乎速度和力度，也不在考虑是否会被发现。战斗打响就是指股价已经开始行动，有时甚至跳起来涨。

一般情况下，股价进入"拉开序幕"以后，都会上行，在遇到 57 日均线以后，会面临 57 个交易日左右的解套盘和从底部跟上的获利盘的双重压力，此时股价可能会进行整理，一旦等到 57 日均线走平，或 14 日均线上穿 57 日均线，股价会在消化解套盘和获利盘后再次上攻。我们把 14 日均线上穿 57 日均线时，股价再次上攻的这个金叉节点和一根量价配合的大阳线组合称为"战斗打响"。

57 日均线介于 55 日（斐波南希神奇数字）和 60 日（一般的软件都用，这就会导致主力做骗线）之间，综合了斐波南希数列的神奇和 60 个交易日的压力。

案例1：保变电器（600550）

2020年2月27日，该股的14日均线上穿57日均线，走出"战斗打响"的形态。在这之前的一年半时间里，股价就在底部昏昏欲睡，毫无作为，直到"战斗打响"的这一天，股价以涨停板报收，接下来电闪雷鸣般地连拉10个涨停，把这场战斗打得惊天动地（见图1-18）。

图1-18　狂风暴雨般逼空式的"战斗打响"

案例2：云内动力（000903）

2020年2月25日，该股的14日均线上穿57日均线，走出"战斗打响"的形态。这场战役分两波。把股价从2.34元打到了2020年4月15日的6.66元。耗时一个半月。这个主力做盘非常讲究，在开始这场战役之前打出了一个神奇的做盘数字——一条龙（234），战斗结束又以一个神奇的作盘数字豹子号（666）结束，回过头来欣赏这一段K线图，除了感受到"战斗打响"形态的威力之外，更觉得是在欣赏艺术品（见图1-19）。

案例3：三变科技（002112）

2020年3月10日，该股的14日均线上穿57日均线，走出"战斗打响"的形态。K线当天也以涨停板报收，接下来三天三个涨停，结束战斗。然后，股价从哪里来又回到哪里去，继续原来了无生趣的横盘走势（见图1-20）。

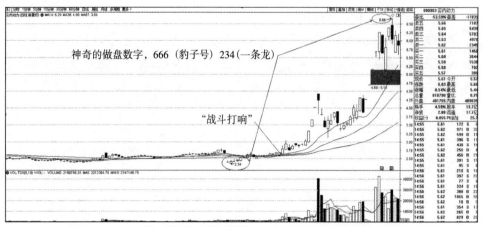

图 1-19　这次的"战斗打响"行情开始和结束都有明显的数字信号

图 1-20　这次的"战斗打响"是一场急促的闪电战

案例 4：顺网科技（300113）

2019 年 8 月 6 日，该股的 14 日均线上穿 57 日均线，走出"战斗打响"的形态。这场战役是场不紧不慢的持久战，从 2019 年 8 月 6 日股价 15.21 元开始，到 2020 年 2 月 24 日结束。耗时半年把股价打到了 33.98 元（见图 1-21）。

案例 5：ST 猛狮（002684）

2019 年 11 月 21 日，该股的 14 日均线上穿 57 日均线，走出"战斗打响"的形态。在这之前的半年时间里，股价就在休养生息，连兵也不练，股价没有一点起色，直到"战斗打响"的这一天，股价以涨停板报收，接下来可不含糊，打仗就是打仗，一口气把股价从"战斗打响"时的 2.88 元打到了 2019 年 12 月 25 日的 7.05 元（见图 1-22）。

图 1-21 这次的"战斗打响"是一场持久战

图 1-22 "战斗打响"的行情都是轰轰烈烈

投资哲理小故事

商人买猴子

有一个商人到了一个山村，看到村子周围的山上全是猴子。商人就和村子种地的农民说，我买猴子，100 元一只。村民不知是真是假，试着抓猴子，商人果然给了 100 元。于是全村的人都去抓猴子，这比种地合算得多了。很快商人买了两千多只猴子，这时山上猴子很少了。商人这时又出价 200 元一只买猴子，村民见猴价翻番，便又纷纷去抓，商人又买了抓来的猴子，但此时山上的猴子已经很难抓到了。商人又出价 300 元一只买猴子，猴子几乎抓不到了。商人出价到 500 元一只，山上已没有猴子，三千多只猴子都在商人这里。

这天，商人有事回城里，他的助手到村里和农民们说，我把猴子 300 元一只卖给你们，等商人回来，你们 500 元卖给商人，你们就发财了。村民疯了一般，把锅砸了卖铁，凑够钱，把三千多只猴子全买了回去。

助手带着钱走了，商人再也没有回来。村民等了很久很久，他们坚信商人会回来 500 元买他们的猴子，终于有人等不及了，猴子还要吃香蕉，这有费用啊！于是把猴子放回了山上，山上仍然到处是猴子。

这就是传说中的股市！

这就是传说中的信托！

这就是传说中的黄金市场！

这就是传说中的房市！

投资感悟

在进入股市之前，一定要弄清楚，股市是个什么地方？有人认为是下岗再就业的场所？有人说是个赌场，有人认为是个投资的圣地，有人觉得是个经济乐园，还有人把股市当作提款机，股市到底是什么？如果您真的看懂了这个故事，就能了解了股市是个什么地方。

作家韩少功说过：圣者和流氓都看透了钱，前者认为我的钱就是大家的，因此乐善好施；后者认为大家的钱就是我的，因此抢劫偷盗。股市缘于它的投机性，则是一个可以混淆圣者和流氓的场所，如果您有本事，大家的钱就是您的；如果您没本事，您的钱就是大家的。这是一个合法的财富再分配场所！

投资哲理小幽默

一个年轻人给他的情人写了一封情书：

"亲爱的:为了你,即使爬过最高的山岳、趟过最宽的河、走过滚烫的沙漠,甚至绑在火柱上烧死,我都心甘情愿!"

在结尾时,他在附注上写道:"如果星期六不下雨,我将来看你。"

投资感悟

有很多投资者老是埋怨自己抓不到强势股,可是在实战中真正遇到像"战斗打响"这样的技术形态时,很多人都被这种强势吓住,因为这种股票一般都是跳空高开,开盘就拉,强势得让人们无从下手,只能眼睁睁地看着它涨停。然后收盘的时候总会说:"哎呀,我也发现了这只股票,就是因为……"就像这个笑话里山盟海誓的年轻人一样,赴汤蹈火都心甘情愿,可现实生活中的一场雨,就阻挡了他情真意切的脚步。

股市谚语: 兵者,国之大事也,死生之地,存亡之道。不可不察也! 股者,家之大事也,贫富之间,生存之道。不可不慎也!

三、花好月圆

"花好月圆"出自宋朝张先《木兰花》词:"人意共怜花月满,花好月圆人又散。欢情去逐远云空,往事过如幽梦断。"形容花儿正盛开,月亮正圆满,比喻美好圆满的生活。

在股市中,大盘经过长期下跌和反复筑底以后,有的个股通过"拉开序幕"和"战斗打响"的小幅上涨和充分调整,14 日均线慢慢随着股价上行,在 14 日均线上穿 89 日均线之时,也正是幸福美满、花好月圆的好时光。我们把股价从这个节点处起涨称为"花好月圆"。

案例 1: 香溢融通 (600830)

经过长期整理的香溢融通 (660830),在 2020 年 3 月 6 日这天,14 日均线上穿 89 日均线,股价在节点处以 5.40 元开盘,涨停板报收,技术形态标准,毫无瑕疵。在短短的 6 个交易日,股价由 5.40 元涨到 8.49 元。这 6 个交易日的涨幅诠释了"花好月圆"这个技术形态的威力 (见图 1-23)。

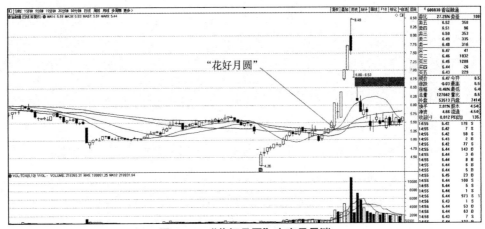

图 1-23 "花好月圆"也容易暴涨

案例 2：深科技（000021）

2019 年 12 月 24 日，该股的 14 日均线上穿 89 日均线，股价形成"花好月圆"的技术优势，接下来开始了半年浪漫的"花好月圆"，到 2020 年 5 月，把股价从起涨处"花好月圆"的 11 元左右，拉到了 26 元左右（见图 1-24）。

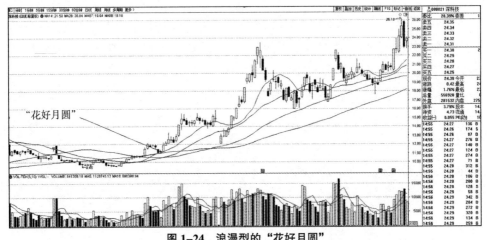

图 1-24 浪漫型的"花好月圆"

案例 3：沙钢股份（002075）

2020 年 2 月 28 日，该股的 14 日均线上穿 89 日均线，股价形成"花好月圆"的技术优势，当天的股价留下了长长的上影线，好像上攻无力，其实主力这是在试探跟风盘和解放前期套牢筹码，在前两天的 2 月 26 日，股价已经有异动拉出一个涨停板热身，当时并没有长驱直入，而是又等待了两天，也许就是等待这个"花好月圆"的时间节点，接下来开始了几个涨停板的粗暴拉升，然后又开始了浪漫的"花好月圆"，到 2020 年 5 月，把股价从起涨处"花好月圆"的 6 元左右，拉到了 14 元左右（见图 1-25）。

图 1-25 先涨停板粗暴拉升再浪漫的"花好月圆"

案例 4：德方纳米（300769）

2019 年 12 月 23 日，该股的 14 日均线上穿 89 日均线，均线形态走出了"花好月圆"的技术走势，接下来的股价马不停蹄大踏步上攻，使多日萎靡不振的德方纳米扬眉吐气。一扫多日颓废。到 2020 年 2 月 21 日，把股价拉到了 128.89 元。38 个交易日，股价涨幅 136.91%（见图 1-26）。

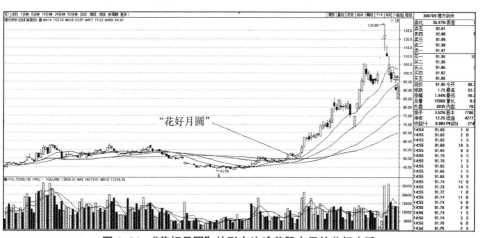

图 1-26 "花好月圆"的形态比喻着股市里的美好生活

案例5：ST抚钢（600399）

2019年12月16日，该股的14日均线上穿89日均线，股价形成"花好月圆"的技术优势，当天的股价量价齐升，从"花好月圆"的节点开始了上涨的浪漫"花好月圆"之旅（见图1-27）。

图1-27 "花好月圆"也是股价发生转折的一个重要临界点

投资哲理小故事

选择大于努力

有一个非常勤奋的青年，很想在各个方面都比身边的人强。经过多年的努力，仍然没有长进，他很苦恼，就向智者请教。

智者叫来正在砍柴的3个弟子，嘱咐说："你们带这个施主到五里山，打一担自己认为最满意的柴火。"年轻人和3个弟子沿着门前湍急的江水，直奔五里山。

等到他们返回时，智者正在原地迎接他们——年轻人满头大汗、气喘吁吁地扛着两捆柴，蹒跚而来；两个弟子一前一后，前面的弟子用扁担左右各担4捆柴，后面的弟子轻松地跟着。正在这时，从江面驶来一个木筏，载着小弟子和8捆柴火，停在智者的面前。

年轻人和两个先到的弟子，你看看我，我看看你，沉默不语；唯独划木筏的小徒弟，与智者坦然相对。智者见状，问："怎么啦，你们对自己的表现不满意？""大师，让我们再砍一次吧！"那个年轻人请求说："我一开始就砍了6捆，扛到半路，就扛不动了，扔了两捆；又走了一会儿，还是压得喘不过气，又扔掉两捆；最后，我就把这两捆扛回来了。可是，大师，我已经很努力了。"

"我和他恰恰相反，"那个大弟子说："刚开始，我俩各砍两捆，将4捆柴一前一后挂在扁担上，跟着这个施主走。我和师弟轮换担柴，不但不觉得累，反倒觉得轻松了很多。最后，又把施主丢弃的柴挑了回来。"

划木筏的小弟子接过话，说："我个子矮，力气小，别说两捆，就是一捆，这么远的路也挑不回来，所以我选择走水路……"智者用赞赏的目光看着弟子们，微微领首，然后走到年轻人面前，拍着他的肩膀，语重心长地说："一个人要走自己的路，本身没有错，关键是怎样走；走自己的路，让别人说，也没有错，关键是走的路是否正确。年轻人，您要永远记住，选择比努力更重要。"

俗话说："男怕入错行，女怕嫁错郎"，也是说的选择比努力重要。

投资感悟

人的一生当中，就是在做各种选择，小的时候上哪个学校，毕业后找工作、找对象……

每天早上醒来，是起床还是再赖会床？穿哪件衣服？出门是坐火车还是飞机？是选择辞职还是努力工作？

其实，人生好多事的结果都在一念间的选择中产生。

在穿衣服的时候，如果我们把第一颗纽扣扣错了，那么下面的扣子肯定会跟着出错。同样，在人生中，如果我们前进的方向没有选对，那么不管我们有多么勤奋和努力，最终的结果也白费，而且您付出的努力越多，可能就越偏离您想要达到的方向。

在股市里，您如果选的股不对，再怎么做也对不了，比如该股最近的趋势是向下，您怎么努力也可能是白费劲；越努力恐怕还越糟糕。如果选的股对但是时机不对，第一个切入点不对，后面的操作就好比扣错衣服的第一颗扣子，后面也会跟着步步出错。

通向成功的道路有千万条，但要记住：所有的道路，都是自己选择的结果。一步错步步错，有什么样的选择，也就决定了今后会拥有什么样的人生，今天的现状是几年前选择的结果。成功与失败的区别也就在于此，成功者选择了正确的方向,而失败者选择了错误的道路。

因此,在做任何事情,成功之前,我们都一定要做一个选择,给自己制订一个正确的目标,选准自己努力奋斗的方向。方向明,即使前进的脚步较缓,那也是在通往成功的路上,也是向成功靠近;方向不明,背道而驰,越努力反而离成功的彼岸越远。

在股市里,均线系统完美多头排列的个股,每次缩量回调都是机会。

很多时候,我们总是在做一些无谓的努力,就好比我们想要寻找金矿,却试图在海滩上挖掘,这样做的结果就是我们只能挖出一堆堆的沙土,而绝对不可能找到金子。因此,不要在不必要的地方付出精力,若要有所收获,必须选择正确的目标。

多选择均线系统多头排列的股票吧!它会漂洋过海地把您送到成功的彼岸。

股市里的两三千只股票,更是让我们眼花缭乱,无从选择,可是您如果选的股票今天跌停了,别的朋友选的股票涨停了,差距立马拉开,同样的起步资金就因为一时的选择不一样产生大的差距,再想追上可就不太容易了。

同时也应知道,不做任何选择本身也是一种选择,选择是一种能力,为什么同样的选择,有的人结果很好,而有的人结果就不好。区别在于他们在选择的过程当中标准不同,毋庸置疑,选择是一种能力!

一次正确的选择大于百倍努力。

智慧的人,在别人的经历当中不断地总结经验;

聪明的人,在自己的经历当中不断地反省与总结经验;

愚蠢的人,从来都不知道也不懂得去总结经验。

投资哲理小幽默

人生的四大喜与四大悲

人生四大喜事:

洞房花烛夜;

金榜题名时;

他乡遇故知;

久旱逢甘霖。

人生四大悲事：

　　洞房花烛夜——隔壁；

　　金榜题名时——他人；

　　他乡遇故知——债主；

　　久旱逢甘霖——两滴。

投资感悟

这个笑话的喜与悲只有两字之差。在股市里，14 日均线上穿 89 日均线，本来是"花好月圆"，可是突然来个"当头一棒"和"露头橡子"的 K 线技术形态（这两个 K 线技术形态后面会讲到），如果不立即出局，喜剧就马上变悲剧了，到手的利润也马上就要退回去了。友谊的小船说翻就翻。主力翻脸那可比翻书快多了（见图 1-28）。

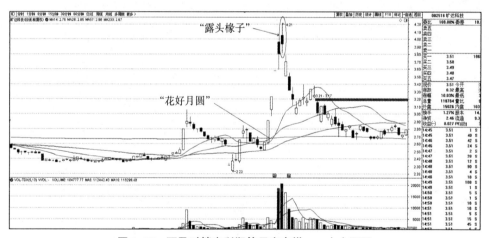

图 1-28　不及时锁定利润等于坐电梯——上上下下

如图 1-28 所示，如果您在"花好月圆"时选择进场，在"露头橡子"时选择出局，那真是惬意的喜剧，春风得意马蹄疾。

但是，如果您在"花好月圆"时选择观望，在"露头橡子"时选择进场，那就是喜剧中的悲剧。

如果视这些形态而不见，不做任何选择，其实也是一种选择，"花好月圆"不进场，那只能与财富失之交臂；"露头橡子"不进场，也与亏损无干。

股市谚语： 大跌大机会，小跌小机会，不跌没有机会；小涨小风险，大涨大风险，不涨也有风险。

四、前程似锦

"前程似锦"比喻事物的美好，前程像锦绣一样。在股市里，股价在"拉开序幕"后一路上扬，过关斩将，14 日均线上穿 28 日均线后，又依次穿越 57 日均线、89 日均线，当穿越 144 日均线时，我们把其比喻为"前程似锦"。在这里不仅仅是比喻事物的美好，而是真好，就像唐朝诗人李白《行路难》里那样豪情：乘风破浪会有时，直挂云帆济沧海。

案例1：东湖高新（600133）

2020 年 3 月 10 日，该股的 14 日均线上穿 144 日均线，股价形成"前程似锦"的技术走势。K 线也是相当的给力，直接涨停板。三天三个涨停板，然后来一个"露头椽子"出局形态，干脆利落，来去匆匆（见图 1-29）。

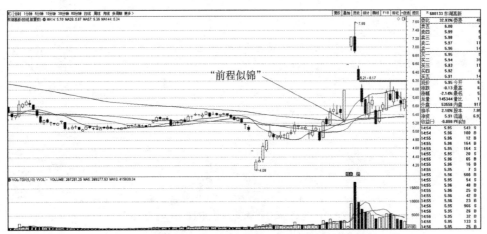

图 1-29　暴涨的短线行情来去匆匆记得及时锁定利润

案例2：华脉科技（603042）

2020 年 3 月 2 日，该股的 14 日均线上穿 144 日均线，股价形成"前程似锦"的技术走势。但是股价并没有直接拉升，而是在前期高点附近窄幅整理了一周，然后拉出涨停板。六天六个涨停板，然后来个"露头椽子""阴魂不散"都出局形态，干脆利落。涨就是涨，跌就是跌，都给出明确的信号（见图 1-30）。

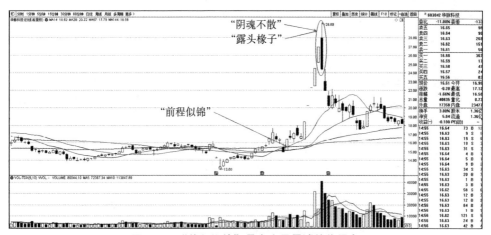

图 1-30 "前程似锦"是个容易暴涨的临界点

案例 3：奥美医疗（002950）

2020 年 1 月 16 日，该股的 14 日均线上穿 144 日均线，股价形成"前程似锦"的技术走势。股价火箭式拉升，一改一年来的小阴小阳横盘走势，直接拉出 10 个涨停板，然后来个"当头一棒""阴魂不散"复合出局形态，又开始暴跌（见图 1-31）。

图 1-31 "前程似锦"涨跌的出局信号都明显

案例 4：富奥股份（000030）

2020 年 2 月 26 日，该股的 14 日均线上穿 144 日均线，股价形成"前程似锦"的技术走势。当天股价拉出涨停板。六天六个涨停板，然后一周结束战斗，股价又恢复了原来的平静，价格也回到了起涨前，好像没有发生过什么事一样，所以实战中一定记得锁定利润（见图1-32）。

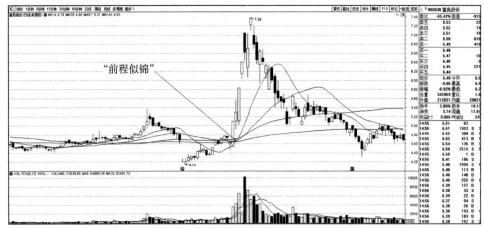

图1-32　"前程似锦"涨得虽好，但是记得出局

这只股票当时的基本面发生了什么我们不知道，消息面也没有公布，其实每只股票按F10键，都附有像说明书一样的信息清楚明白无遗漏，但是我们是否真的能读得懂？而且真的能读到我们所需要的信息？或者真的能找到能左右股价的信息？恐怕即使有能左右股价的真实信息，等我们读到也是正月十五贴对联——晚半月！所以笔者提倡：重视基本面但不能完全依赖基本面；看重业绩的同时更要关注股性的活跃度；分析股本更要看重它的市场表现。

案例5：容大感光（300576）

2019年12月24日，该股的14日均线上穿144日均线，股价形成"前程似锦"的技术走势。当天股价拉出涨停板，像个奠基仪式一样宣誓一下前程像锦绣那样十分美好的行情开始了。然后，一直涨到了2020年6月，把股价从20.41元涨到了84元（见图1-33）。

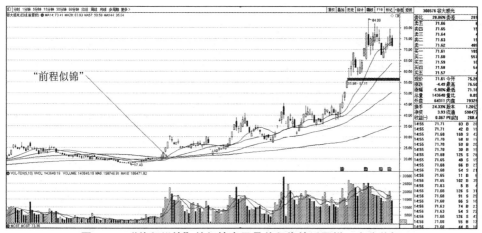

图1-33 "前程似锦"的行情意思是前程像锦绣那样，十分美好

投资哲理小故事

一个手无寸铁的日本人把他们全"消灭"了

索马利亚外海的海盗过去引发了许多的国际事件，约从2000年起，他们就不断地在海上拦截商船跟渔船进行武装抢劫，严重的程度还曾被好莱坞拍成电影。但是近年来，几乎再也听不到海盗抢劫事件，而没想到，这一切竟要归功于一位日本的寿司店老板。

日本最受欢迎的寿司连锁店寿司三昧的老板木村清今年已经63岁了，他在几次研究后发现，店内的高价食用鱼"黄鳍鲔鱼"（鲔鱼）的渔场，就位于索马利亚的外海，但是过去因为海盗猖獗，能提供的产量有限，所以他灵机一动，决定将这些海盗都变成他合作的对象。

他发现，这些海盗不断抢劫的原因，是因为当地的生活不易，大家为了养家糊口才成为海盗。

所以他亲自向海盗们提议，与其当一个海盗，还不如当渔民赚钱来养活家人。但是，这些海盗们并不懂捕鱼的技术，也没有渔船，所以他决定将自己的渔船借给海盗们，还教导他们捕捉鲔鱼的技术，并且帮忙安装冷冻仓库以利保存。

他还跟这些海盗们达成协议，保证全数收购他们所捕到的鲔鱼，来确保他们的生计，也跟当地的协会合作，除了技术支援外，还建立了产销的渠道。

2009~2011 年，索马利亚的海盗事件是最猖獗的时候，一年都有超过200件的案子，但根据美国海军统计数字表示，从 2012 年开始数字大幅下降，到2014 年时已经没有海盗攻击事件发生。

在过去，各国为了对付索马利亚的海盗问题，如美国、北约组织、欧盟、俄罗斯、日本、中国等都派了军舰去保护自家的渔船，但是木村清的方式，却根本地解决了海盗的生活问题。对外，海盗们必须面对军舰的威胁；对内，木村清提供了他们不用冒险就可以养家糊口的方式，自然而然地这些人就选择了当个渔民而非海盗。将这个日本寿司店老板"消灭"海盗的故事分享给大家，让大家知道很多时候其实只要转个角度想，许多问题就可以轻松解决！

投资感悟

也许有人说，我们散户手无寸铁能把武装到牙齿的主力怎么样？非也，您看这个小故事，标题不只是很励志，而且都做到了！我们的目的也不是消灭主力，我们的要求只是发现主力的踪迹后利用主力的优势做足一波差价而已。

投资哲理小幽默

财务自由可以分成五个等级：一级财务自由，到菜市场买菜不看贵贱；二级财务自由，到商场购物不看贵贱；三级财务自由，到珠宝奢侈品店"血拼"不看贵贱；四级财务自由，买房不看贵贱；五级财务自由，买公司不看贵贱。股市让股民直接进入了第五级。

投资感悟

实战中，越在这种"前程似锦"多头排列的技术形态的个股中进行操作，走向财务自由就越快。

股市谚语：涨势形成，不得不涨；跌势形成，不得不跌。

五、欢喜过年

小时候，最欢喜的事莫过于过年。一到过年，有新衣服穿，有好吃的吃，有鞭炮放，有红包压岁钱拿……到处喜气洋洋，高高兴兴。在股市里，14日均线上穿233日均线的时候，就是股市里过年的时候，也正是主力资金给投资者发红包的时候。

股价经过充分的筑底、小波的拉升、洗盘、拉升……反反复复的折腾以后，整体在稳步上升，当14日均线上升至233日均线（股票运行一年一般有240个交易日左右，很多投资者把250日均线作为年均线，我们是研究神奇数字的，所以我们把233日均线当作年均线使用），股价顺着14日均线在稳步上行、14日均线穿越233日均线之时，我们就把这样的技术形态称为"欢喜过年"。

案例1：海王生物（000078）

2020年1月17日，该股的14日均线上穿233日均线，股价形成"欢喜过年"的技术走势。当天股价并不引人注意，收了一根小阳线，但是仔细观察这根小阳线：首先是比较温和的放量，结束了对12月31日涨停板后面十三天横盘的整理。其次刚好在14日均线上穿233日均线的节点处，并上穿14日、233日两根均线。所以这一根小阳线是具有标志性的K线。当然了，最具体明显的标志还是"欢喜过年"，接下来的行情就简单了，红红火火、欢欢喜喜过大年（见图1-34）。

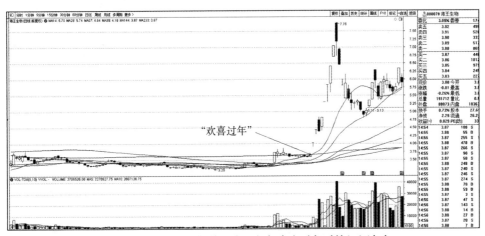

图1-34 "欢喜过年"的形态一般都会有过年时的红红火火

案例2：艾迪精密（603638）

这是一个慢牛型的"欢喜过年"：2019年2月27日，该股的14日均线上穿

233 日均线，股价形成"欢喜过年"的技术走势后，没有像上面海王生物（000078）那样噌噌噌地涨，而是不温不火地玩起了慢牛走势，一直涨到 2020 年 6 月 5 日，涨了一年多，股价由"欢喜过年"时的 12 元左右涨到了 38 元左右，翻 3 倍多（见图 1-35）。

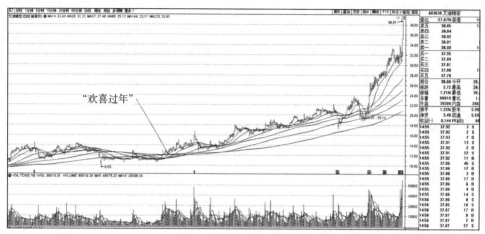

图 1-35 "欢喜过年"是一只股票的牛熊"分水岭"

案例 3：奥特迅（002227）

2020 年 3 月 3 日，该股的 14 日均线上穿 233 日均线，股价形成"欢喜过年"的技术走势。当天股价以涨停报收，接下来又在前期高点附近收了三根带上影线的 K 线，表面上形成股价攻不上去的感觉，其实这是主力在故意示弱，旨在抖落前期高点的套牢盘和获利筹码，把盘清洗干净以后，股价干脆利落来 4 个涨停板，然后以一个"露头橡子"的出局形态结束了这波行情（见图 1-36）。

案例 4：英科医疗（300677）

这也是一个慢牛型的"欢喜过年"：2020 年 1 月 7 日，该股的 14 日均线上穿 233 日均线，股价形成"欢喜过年"的技术走势后，当天股价以涨停报收，接下来没有噌噌噌地涨，而是走起了慢牛走势，一直涨到 2020 年 6 月 1 日，涨了半年多，股价由"欢喜过年"时的 17 元左右，涨到了最高处的 91.22 元。涨幅惊人（见图 1-37）。

图1-36 "欢喜过年"是容易暴涨的临界点

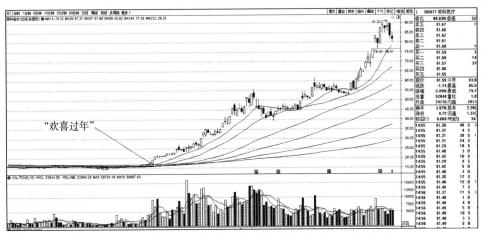

图1-37 "欢喜过年"是股市脸谱系统中经典的上涨临界点

案例5：联得装备（300545）

2020年1月8日，该股的14日均线上穿233日均线，股价"欢喜过年"了，股价也涨停了，跟随主力一道过年，不仅可以拿到主力发放的红包，更是收获过年一般的喜悦心情（见图1-38）。

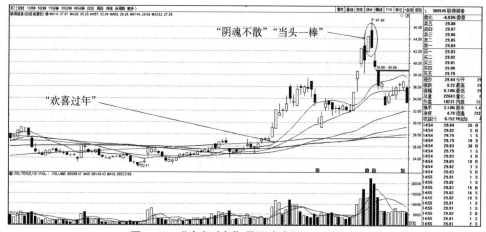

图 1-38 "欢喜过年"是强庄牛股、不可小觑

投资哲理小故事

摘麦穗

希腊有一位大学者，名叫苏格拉底。一天，他带领几个弟子来到一块麦地边。那正是成熟的季节，地里满是沉甸甸的麦穗。苏格拉底对弟子们说："您们去麦地里摘一个最大的麦穗，只许进不许退。我在麦地的尽头等您们。"

弟子们听了老师的要求，陆续走进了麦地。

地里到处都是大麦穗，哪一束才是最大的呢？弟子们一路找着向前走。看看这一束，摇了摇头；看看那一束，又摇摇头。

他们总以为最大的麦穗还在前面呢。

虽然弟子们也试着摘了几穗，但并不满意，便随手扔掉了。他们总以为机会还很多，完全没有必要过早地定夺。

弟子们一边低着头往前走，一边用心地挑挑拣拣，经过了很长一段时间。

突然，大家听到苏格拉底苍老、厚重如同洪钟一般的声音："你们已经到头了。"这时两手空空的弟子们才如梦初醒。

苏格拉底对弟子们说："这块麦地里肯定有一穗是最大的，但你们未必能碰见它；即使碰见了，也未必能做出准确的判断。因此最大的一穗就是你们刚刚摘下的。"

苏格拉底的弟子们听了老师的话，悟出了这样一个道理：人的一生仿佛也是在麦地中行走，也在寻找那最大的一穗。有的人见了那颗粒饱满的麦穗，不失时机地摘下它；有的人则东张西望，一再错失良机。当然，我们应该追求最大的，但把眼前的麦穗拿在手中，才是实实在在的。

投资感悟

百鸟在林不如一鸟在手。面对花花绿绿的股市，就如一片麦田，可以选择的太多太多：既有"拉开序幕"，也有"走向深渊"；不仅会有"战斗打响"，也会有"不求上进"；不仅会有"欢喜过年"，更会有"年已过完"。有的人在股市中行走，看到了"拉开序幕"，不失时机地跟了进去，随着股价翩翩起舞；有人觉得"欢喜过年"才是他的最爱，于是他跟着主力一起过年了，有人觉得"战斗打响"他最喜欢，于是他跟着主力一起开战了……不管怎么样，他们都不同程度地丰收了。也有人一直在寻找自己认为最大的那束麦穗，结果两手空空。更有不幸者掉进了主力资金的陷阱，把"不求上进""走向深渊""年已过完"等形态当成了最大的麦穗，结果可想而知。

如果当我们的脑海储存的"股谱"足够多时，我们是不是在主力资金家"发情"（发动行情）的时候不会不解主力资金家的风情万种？不会被我们自己的业务不熟悉害死？不会错失良机？有很多时候，很多股票几个月甚至几年都没有什么动静，也没有什么值得投机波段，然而等了很长时间，它的买入时机也就在一刹那间，如果您没有理论知识、不了解股价的运行规律、不了解主力资金的操盘手法、没有实战经验，这样的机会：一是您基本发现不了，等您晚上打开书对照电脑时发现经典，恐怕也只有拍大腿的份！不会再有买入机会；二是即使您发现了，因为实战经验不足等，不一定能够抓住，您说呢？

投资哲理小幽默

老张："一个好消息和一个坏消息，先听哪一个？"

老婆："先听好消息吧。"

老张："跌好几天的股票又开始上涨了。哈哈哈哈……"

老婆："那坏消息呢？"

老张："涨之前我给卖了。"

老婆："你……"

投资感悟

一年的交易日有 242 天左右，我们就把神奇数字 233 日均线，当作年线使用，从某种程度上来说，这个 233 日均线，就是牛熊的"分水岭"，股价在 233 日均线上形成多头排列，一般都会有行情。反之，股价在 233 日均线下形成空头排列的时候，股价一般都是"暗无天日"（《股市脸谱之二》里面有讲解）的走势，我们不要去操作。

有很多时候，我们不是拿不住股票，而是在"欢喜过年"之前已经拿了很久，终于熬不住了，股价"欢喜过年"了，可是我们的耐心到了极限，正如小幽默里的老张一样，最终将股票卖了。

股市谚语：顺大势者昌，逆大势者亡。

六、万马奔腾

"万马奔腾"的意思是指成千上万匹马在奔跑腾跃，形容群众性的活动声势浩大或场面热烈，也比喻事业像万马一样快速发展。在股市里，股价经过筑底，反复震荡，过五关斩六将（指"万丈高楼平地起""拉开序幕""战斗打响""花好月圆""前程似锦""欢喜过年"和反复洗盘震荡）的拉升以后，又向上运行至 377 日均线附近，然后在成交量的配合下，14 日均线上穿 377 日均线，我们把这个节点称为"万马奔腾"。

案例 1：华微电子（600360）

2019 年 12 月 25 日，该股的 14 日均线上穿 377 日均线，股价形成"万马奔腾"的技术走势，但是股价并没有直接拉升，而是绕着 14 日均线窄幅整理一个月，然后又用一个一字跌停板挖了一个散户坑，到 2020 年 2 月 7 日，股价又以"势如破竹"的形式重新站上 14 日均线，开始了一波波澜壮阔的行情（见图 1-39）。

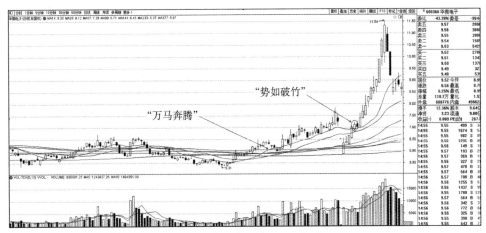

图 1-39　"万马奔腾"是大行情

案例 2：深天地 A（000023）

2020 年 3 月 7 日，该股的 14 日均线上穿 377 日均线，股价形成"万马奔腾"的技术走势，但是股价并不抢眼，要价没价、要量没量，股价又整理 13 天后，一个量价齐升的涨停板突破并站稳 14 日均线，开始了"万马奔腾"应该有的行情（见图 1-40）。

图 1-40　"万马奔腾"形态出现以后密切关注

案例 3：四环生物（000518）

2020 年 1 月 17 日，该股的 14 日均线上穿 377 日均线，股价形成"万马奔腾"的技术走势。当天股价并不引人注意，收了一根小阳线，但是仔细观察这根小阳线：首先是比较温和的放量；其次刚好在 14 日均线上穿 377 日均线的节点处，并上穿 14 日、377 日两根均线。所以这一根小阳线是具有标志性的 K 线。当然了，最具体明显的标志还是"万马奔腾"，接下来的行情简单、粗暴、直接，而且最后以一个巨量的"当头一棒"结束行情，进出信号具体、清楚，涨就是涨，跌就是跌，简单明了。真的是完美地演绎了一句话：横有多长站有多高（见图 1-41）。

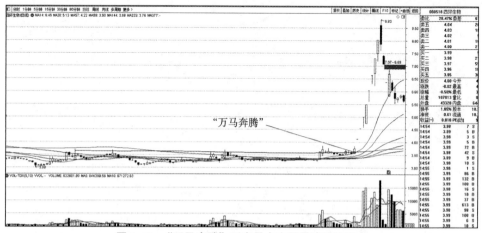

图 1-41　"万马奔腾"形态是个容易暴涨的临界点

案例 4：中能电器（300062）

2020 年 3 月 10 日，该股的 14 日均线上穿 377 日均线，股价形成"万马奔腾"的技术走势。当天股价量价齐升并以涨停板报收！股价从节点处出发，非常经典。接下来的 5 个涨停板也非常干脆，出局信号更是明显，巨量的"当头一棒"，更为经典的是最高价 9.14 元，谐音"就要死"。这个主力的盘做得干脆、细致、经典、精致（见图 1-42）。

案例 5：长海股份（300196）

2019 年 12 月 12 日，该股的 14 日均线上穿 377 日均线，股价形成"万马奔腾"的技术走势，主力选择这个日子也非常讲究，"双十二"。各种经典齐聚一起，接下来的行情就是逼空式的上涨（见图 1-43）。

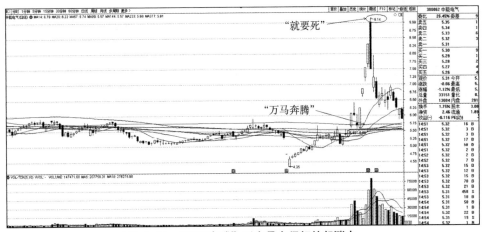

图 1-42　"万马奔腾"形态是个很好的起涨点

图 1-43　"万马奔腾"形态很好认

投资哲理小故事

大象、狮子、骆驼沙漠探险的故事

　　大象、狮子、骆驼决定一起进沙漠寻找其生存的空间。在进入沙漠前，天使告诉它们说，进入沙漠后，只要一直向北走，就能找到水和食物。进入沙漠以后，它们蓦然发现沙漠比它们想象的大多了，也复杂多了。最为要命的是，它们不久就失去了方向。它们不知道哪个方向是北。

　　大象想，我如此强壮，失去方向也没有什么关系。只要我朝着一个方向走下去，肯定会找到水和食物。于是，它选定了它认为是北的方向，不停地前进。走了三天，大象惊呆了，它发现回到了原来出发的地方。三天的时间和力气就这样白费了。大象气得要死，它决定再走一次。它一再告诉自己不要转弯，要向正前方走。三天过后，它发现，它竟然又重复了上一次的错误。大象简直要发疯了，它不知道为什么会这样。此时，它又饿又渴，它决定休息后，再度出发。可是，接下来每一次都是相同的结果。不久，大象就精疲力竭而死。

狮子自恃奔跑得很快，便向自认为北的方向奔去。它跑得很快，它想，凭我这样快的速度，再大的沙漠也能够穿越。可是，它跑了几天后却惊异地发现，它越是向前，越是草木稀少，最后它已经看不到任何的绿色植物了。它害怕了，决定原路返回。可是，当它原路返回的时候，又一次迷失了方向。它越是向前，越是不毛之地。它左突右奔，但是都没找到目的地，最后绝望而死。

只有骆驼是一个智者。它走得很慢，它想，只要找到真正向北的方向，只要不迷路，用不了三天，一定会找到水和食物的。于是，它白天不急于赶路，而是休息。晚上，天空中挂满了亮晶晶的星星，骆驼很容易地找到了那颗耀眼的北斗星。每天夜里，骆驼向北斗星的方向慢慢地行走。白天，当它看不清北斗星的时候，它就停下来休息。

三个夜晚过去了。一天早上，骆驼猛然发现，它已经来到了水草丰美的绿洲旁。从此，骆驼就在这里安了家，过上了"丰衣足食"的生活。这里，骆驼成功的秘诀，显然便在于它找准了前进方向。

事实证明：没有正确的方向，再大的本领也是没用的；没有正确的方向，再多的努力也是没有效果的……

投资感悟

各位投资者，您的方向在哪里？您找到您的那颗耀眼的北斗星了吗？

在股市里混，虽说是资金为王，可您永远不要认为您是有点钱怎么怎么样，股市里的有钱人太多了，您去随便看看那些稍微大一点的盘子，每一天的成交额都是以多少亿元计，而且还有一点您也要有所认识，财大气粗有时在股市里并不好使，香港有一位大佬外汇一战亏损 100 多亿元。钱够多吧，结果怎么样？所以，在虽说是资金为王的资本市场，您也不一定要钱多，而是要像智者一样，找到自己的北斗星。在某种程度上钱不多可能还要好使些。

投资哲理小幽默

一位老和尚有两个徒弟，大和尚和小和尚。

一日饭后，小和尚在洗碗，突然把碗打破了一个。大和尚立马跑向老和尚的禅房打小报告："师傅，师弟刚刚打破了一个碗。"

老和尚手捻佛珠，双眼微闭，说道："我相信您永远也不会打破碗！"

投资感悟

投资者，打破几个碗是必需的，是投资路上不可绕开的弯路！

一般大盘环境好的时候，会有很多个股一起"万马奔腾"，这个时候怎么办？弱水三千，我只取一瓢饮！同时追两只兔子的人，一只也不会逮到。不要贪图无所不有。但是这时候不管怎么选择，就像我们赶上阿里巴巴的"双十一"、京东的"6·18"盛宴一样，主旋律只有一个：买买买！

股市谚语：股市之道至简至易，运用之妙存乎一心。

七、展翅高飞

"展翅高飞"的意思是指鸟展开翅膀高高飞起。比喻充分发挥才能，施展抱负。

在股市里，有时候的股票整天整月甚至整年地"磨叽"，没有一点起色，可是当14日均线有一天向上穿过610日均线时，股价一改往日的萎靡不振，像一个出笼的小鸟一样展翅高飞。

案例1：鲁抗医药（600789）

2020年1月15日，该股的14日均线上穿610日均线，股价形成"展翅高飞"的技术走势。当天股价并不引人注意，收了一根小小的十字星线，在这之前的很长一段时间内，股价就一直小阴小阳运行在均线的下面，像被关在笼子里的小鸟，2020年1月2日，股价跳上610日均线，收了一个十字星，然后顺着610线横盘整理，直到14日均线上穿610日均线，然后股价就像一只小鸟一样展翅高飞（见图1-44）。

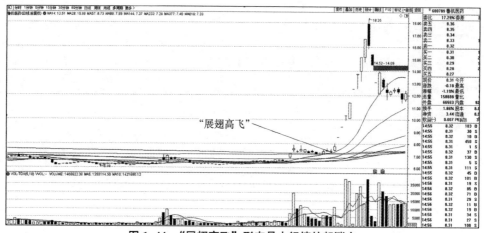

图1-44　"展翅高飞"形态是大行情的起涨点

案例2：道恩股份（002838）

2020年2月5日，该股的14日均线上穿610日均线，股价形成"展翅高飞"的技术走势。但是股价在前两天已经一字板在610线上"鱼跃龙门"，像这样的一字板一般不具备可操作性，但基于当时的疫情，道恩股份是口罩概念板块的龙头股，拉了7个涨停板打开以后，在人们都以为行情已经结束的时候，该股强势整理了两周，然后开启了意想不到的第二波强势（见图1-45）。

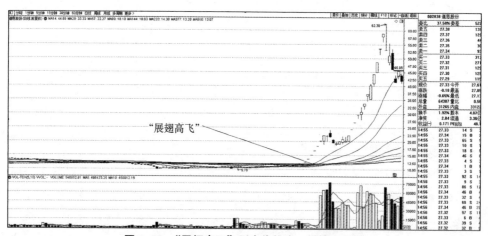

图1-45　"展翅高飞"形态像雄鹰一样搏击天空

案例3：延江股份（300658）

2020年2月5日，该股的14日均线上穿610日均线，股价形成"展翅高飞"的技术走势。股价当前量价齐升以涨停板报收。从图1-46中我们可以清晰地看到："展翅高飞"的左边，股价一直萎靡不振，波幅也不大。"展翅高飞"的右边涨幅惊人，股价的走势像一只小鸟，因为没有均线的制约，在蔚蓝的天空自由翱翔，"展翅高飞"的这个节点就是一个明显的强弱"分水岭"，所以在实战中我们一定要准确地把握股价上涨的临界点，享受上涨的乐趣，提高资金使用率。

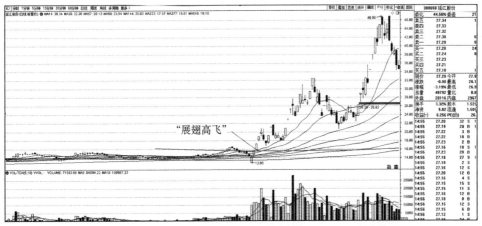

图1-46 "展翅高飞"形态上面没有均线制约，飞起来海阔天空

案例4：麦克奥迪（300341）

2019年11月7日，该股的14日均线上穿610日均线，股价形成"展翅高飞"的技术走势。股价当天量价齐升，围绕着14日均线窄幅整理一周，然后开启了一字板行情（见图1-47）。

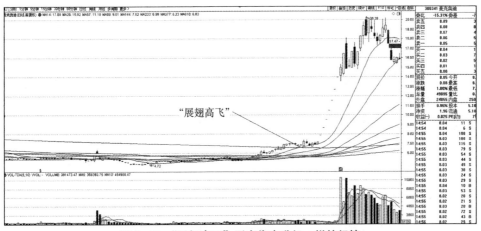

图1-47 "展翅高飞"形态像直升机一样的行情

案例5：国农科技（000004）

2019年12月27日，该股的14日均线上穿610日均线，股价形成"展翅高飞"的技术走势。股价当天也量价齐升，收出一根大阳线，按常理应该开启一波行情，但股价第2天就收阴线，接下来又横盘整理，觉得还不过瘾，又往下打，挖了一个散户坑，把很多不明真相投资者的筹码坑杀在坑里。

2020年2月17日，一根带量的涨停板，大打出手，穿越14、28日两根均线，开启了连拉10来个涨停板的"展翅高飞"行情（见图1-48）。

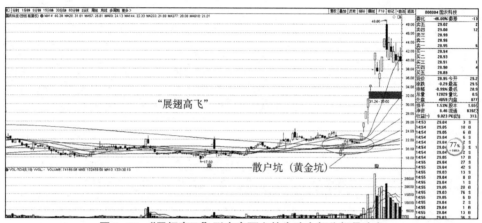

图1-48 "展翅高飞"形态表面上的失败大部分都是洗盘

投资哲理小故事

不要悔

从前，有位乡下青年，读了点书，嫌乡村的生活单调，决定要去城里闯世界。临走时，他向村中的村长请教，村长给了他三个字的忠告——不要怕，并讲好等他回来时还有另外三个字相赠。三十年后，饱经风霜的青年带着满头白发决定还是回乡村生活。回来时，得知当年的村长已死，心中怅然若失，不知村长另外要赠的三个字是什么？村长的儿子转交给他一个信封，说是村长临死前嘱咐交给他的。信只有三个字——不要悔。

投资感悟

买入股票时不要怕，操作时不要慌，买好后不要悔，卖出时不要贪。

既然选择了股市，就别怕风险，别怕孤独，别嫌单调，更不要后悔。虽然投资的路不会一帆风顺，但要记住，世上没有一件工作不辛苦，没有一处人事不复杂。

任何事情，没有坚持几个月，就没有发言权！没有坚持几年，就不能说自己懂！

专注一个领域，做到极致，您就是专家，做力所能及的，不积跬步，无以至千里。

这个"展翅高飞"的技术形态，在股市里很好认，实战价值高，极易形成慢牛走势，适合大众投资者运用。

在股市里，只要14日均线从穿越21日均线（这个技术形态我们叫作"小试牛刀"，本系列第三本书里面会讲到），以后的日子里，不管相继穿越28日均线、57日均线、89日均线、144日均线、233日均线、377日均线、610日均线、987日均线中的哪一根，都是说明有一股暗流在涌动。都不要忽视。一定要仔细研究一下K线，如果再能看到面若桃花、能量十足的上涨K线形态，那么恭喜您，好运到来了！采取行动吧！

股市中的洗盘与出货是很多人所关注的话题，有的人在犹豫的时候机会就失去了，也有人在犹豫的时候已经接了主力的出货，因此如何更好地判断股市中的洗盘与出货是很多投资新手们所关注的重中之重。这节讲到了"展翅高飞"，这个技术形态，顺便说说洗盘和出货的不同之处。

洗盘一般出现在拉升初期，就是从股价"拉开序幕"开始，然后一路震荡上行，每次上行时遇到上面大的均线如57日均线、89日均线、144日均线、233日均线、377日均线、610日均线的时候，都会遇到阻力回调，这个时候一般都是洗盘。如果股价带着14日均线突破了上面所有均线的压制，这个时候就开始了所谓的主升浪，均线系统彻底地由空头排列翻为多头排列，这个形态叫作"天女散花"。

主升浪走完后，股价走出"落下帷幕"的技术形态可能会反复拉高，震荡下行。这个时候，股价处在相对的高位，由于股价反复拉高，均线系统主升浪时完美的多头排列被破坏，形成乱七八糟的均线系统走势，这就是主力资金在出货，我们把这个技术形态称作"魔鬼缠身"。

当然，这只是从股价的运行规律层面去剖析出货和洗盘，如果再结合成交量和其他的一些技术手段就会判断得更加准确些。

认识了这个"展翅高飞"技术形态以后，细心的读者朋友会想，接下来的股价走势是不是由原来的典型空头走势经过反复洗盘震荡的上升，相继出现"拉开序幕""战斗打响""花好月圆""前程似锦""欢喜过年""万马奔腾"的技术形态后，由空翻多了，彻底扭转了。对了，这就是彻底反转了。

投资哲理小故事

据传，明朝有人要开一家点心铺，便央求徐文长为其书写招牌。书法家提笔，一挥而就。店老板喜不自胜，择吉挂牌开张。点心铺顾客盈门，大家手里提着点心，却不急着离去，而是举头对着点心铺的招牌品头论足。店老板一瞧，竟发现"点心铺"的"心"字中少了一点！店老板闷闷不乐，暗怪书法家粗心。点心铺的生意却是红红火火，也日日有人提了点心指着招牌说风凉话。终于有一天，店老板忍无可忍，摘下招牌，恳请徐文生加上丢掉的一点。书法家一声浩叹，满足了店老板的要求。字不再错了，顾客却日渐稀少。店老板忧闷欲死，跑去问书法家原委。书法家道："心都点过了，谁还需要点心！"

原来，徐文生写这个字是颇费一番心思的。之所以故意把"心"字少写了一点，为的是吸引人来围观，达到招徕生意的目的，而店老板却不解其中奥秘，且为避免大家议论，又求徐文生在招牌上补上一点。但想不到，多了一点，却少了千金。书法家的那句"心都点过了，谁还需要点心"，更是让人回味无穷。

正是：

心少一点颇费心，引得众人皆动心。

虚心才会悟真谛，满足一点成死心。

心上一点奥妙深，感化他人先点心。

实心焉能装万物，空白一片是慧心。

股价运行至此，就开启了主升浪。在这里先简单"剧透"一下一个关于股价主升浪的技术形态——"天女散花"。读者朋友可以开动脑筋展开想象，"天女散花"是个什么样子的技术形态，在这里我就暂不"点心"了。留下一点让朋友们自己先思考思考，这一"点"价值千金哦！

主升浪的准确定义可以描述为：如果一个波浪的趋势方向和比它高一层次的波浪趋势方向相同，那么这个波浪就被称为主升浪。这是一轮行情中涨幅最大、上升的持续时间最长的行情，主升浪比较类似于波浪理论中的第3浪。主升浪行情往往是在小幅调整后迅速展开，它是一轮行情中投资者的主要获利阶段，属于绝对不可以踏空的行情。

投资哲理小幽默

随着日本企业在美国的投资日益增加，甚至有许多企业直接在美国设厂，雇用当地的人员。这固然是一项双方互惠的措施。但由于语言不同，当日本老板莅临视察时，总有意外发生。

在一家日资美国工厂内，日方董事长远道而来，厂内主管召集全厂员工集合于会议厅中，恭请董事长演讲。日方的董事长不会说英语，只得由翻译配合，逐句译成英文。董事长在演讲当中穿插了许多笑话，可惜由于双方文化的差异，并未博得预期中的笑声，唯独有一个小故事，董事长用日文讲了十来分钟，而翻译人员只用了几句便翻译出来，并且让台下众人大笑不已，董事长对于此事印象极为深刻。

演讲结束后，日本董事长兴致勃勃地询问翻译人员："贵国的词汇真是丰富，我讲那个笑话用了十多分钟，而你竟能用几句话就将它翻译出来，而且效果那么好，真是不简单。"美方翻译人员谦虚地说："其实也没什么，我只是告诉他们：'老头子刚刚讲了一个又长又不好笑的烂笑话，为了捧场，请你们大笑。'"

投资感悟

将极为复杂无趣的事物，用简单明快的方式表达出来，是引导的最高境界。这当中需要丰富的经验、机智的反应以及高度的幽默感。丰富的经验来自你人生历程的积累，爷爷都是从孙子走过来的；机智的反应需要大量的练习，观千剑而识器，听千曲而知音；高度的幽默感则来自轻松自在、无羁无绊的心灵，真正的优雅是自内而外散发出的优雅气质，内敛、不张扬、端庄、不做作，让人心生敬畏。

这个"展翅高飞"的技术形态，就是化繁为简，将复杂的事物用简单的方式表达出来，股价的主升浪形成非常复杂，但是只要掌握了这个点，把握主升浪就非常简单。有时候一个股票的主升浪形成要好几年，短的也要几个月，把握住这个临界点以后，在接下来的走势过程中，洗盘一结束就买入，享受主升浪拉升的乐趣。

股市谚语：不买落后股，不买平庸股，锁定领导股。

八、落下帷幕

"落下帷幕"的意思是指表演结束落下幕布，形容活动结束了。在股市里，我们把股价经过一波上涨以后，14日均线下穿28日均线的节点叫作"落下帷幕"，意思就是股价的上涨行情暂时结束。

股价经过一波拉升以后，主力资金在相对高位区反复震荡出货，由于主力资金一般持仓量大，发货需要一段时间，所以主力在这个区间会反复拉升，但是毕竟主力是以派发为主，所以追高资金会越来越少，派发到一定时候，主力资金放弃护盘，股价就会跌破14日均线，14日均线在股价的带动下就会向下跌破28日均线。

案例1：南宁百货（600712）

经过暴涨以后的南宁百货，在高位维持了一段时间，放出了巨量，从脚下的成交量上来看，主力出货相当顺利，出完货的股价表演就结束了，该落下帷幕了。2020年1月16日，该股的14日均线下穿28日均线，股价开始泄水，接下来连个像样的反弹都没有，一口气把股价又跌回了起涨前（见图1-49）。

案例2：深康佳（000016）

我们先不说该股是怎么涨上来的，我们只看图1-50中的"落下帷幕"形态出现以后股价是怎么下跌的，所以在实战中出现"落下帷幕"的形态以后，不管手中的股票是亏还是赚，都先跳出界外。

图 1-49　"落下帷幕"形态出现以后坚决清仓

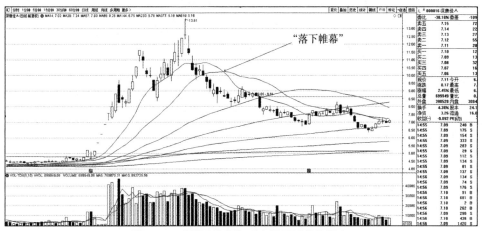

图 1-50　"落下帷幕"形态是下跌的临界点

案例 3：卫士通（002268）

从图 1-51 中我们可以看到，该股的涨幅并不大，但是出现"落下帷幕"形态以后股价下跌的幅度还是不小，所以在实战中出现"落下帷幕"的形态以后，先跳出界外，再去判断它是出货还是洗盘，如果是洗盘，接下来还会有"万丈高楼平地起"的形态出现，到那时我们再介入也不迟，中间的一波跌幅我们就会躲过。

图 1-51 "落下帷幕"形态出现在高位是出货，低位是洗盘

案例 4：麦克奥迪（300341）

上节我们以该股为例讲了出现"展翅高飞"形态以后是怎么涨的，这节我们看看出现"落下帷幕"形态以后股价是怎么谢幕的。同一个股票的两种不同的形态出现以后，从股价两种不同的走势我们可以知道股价的涨跌前都是有信号的。在实战中，我们就按照这些信号操作就可以了（见图 1-52）。

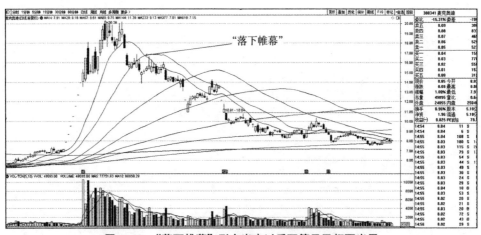

图 1-52 "落下帷幕"形态出来以后不管亏盈都要出局

案例 5：特锐德（300001）

从图 1-53 中我们可以清晰地看到，该股的主力做了个双头，但是每一波的下跌之前都会经过"落下帷幕"的形态，可以说"落下帷幕"的形态是股价下跌

的必经之处。我们持有股票时，在"落下帷幕"之前，在单个出局形态上减仓，到"落下帷幕"形态出现时，坚决清仓，一股不留。

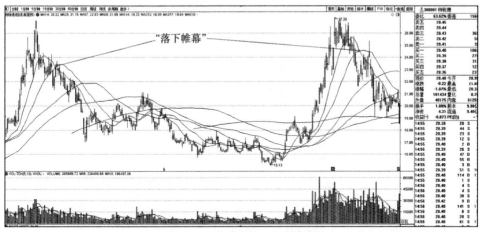

图1-53 曲终人散，及时离场

父子俩都是有名酒鬼，每天至少饮酒一坛。一天，他俩从山上的酒作坊买了一坛酒，用扁担抬着下山回家。儿子一不留神滑了一跤，酒坛摔碎了。他怕父亲责骂，待在那儿不知所措。不料父亲却根本来不及发火，一下子趴在地上喝起酒来。父亲埋头喝了一阵，见儿子还呆立一旁，不由大怒："蠢货！您还不赶紧趴下喝几口，难道还要等您母亲来上菜吗？"

"落下帷幕"的出现，就是酒坛子已经打碎，趁着股价还没有跌停，赶紧清仓。

投资哲理小故事
厕所的老鼠和粮仓的老鼠

传说李斯在做秦国丞相以前，在楚国上蔡郡里做看守粮仓的小文书，这是一个吃不饱，但也饿不死的职位。他最大的爱好就是在上班时间溜号，牵着自家养的一条黄色的土狗，带着自己年幼的儿子，出上蔡东门，到野外追逐狡兔。上蔡郡是一个小城，李斯生于斯，长于斯，并一直认为自己将和自己的祖父、父亲一样，死于斯，葬于斯。外面的世界，对他来说并没有清晰的概念。

然而，一件偶然而有趣的事情发生了。有一天，李斯内急，他捧着肚子，弯腰夹腿，直奔吏舍厕所而去。厕所里的几只老鼠正不无哀怨地吃着粪便里面消化不干净的几粒粮食，见有人来，吓得仓皇逃窜。李斯不禁悲叹起厕所中那几只惊恐的老鼠来，它们不过就是想吃点根本没有人要的东西罢了，可就是这么一个小小的需求，对它们来说都显得那么艰难，只要有人来，它们就吓得四处逃窜，哪怕是来一只狗，也要让它们心慌好久，运气不好的，还会掉到粪池里丧命。用几千年前的话说，就是"食不絜，近人犬，数惊恐之"。

刚好李斯是管理粮仓的。他想到，粮仓里的那些老鼠，吃的都是上好的米麦，住在大大的粮仓里面，人来了也不怕，随便往粮仓里的那个洞里一钻，也从来不会有性命之忧。真乃"人之贤不肖譬如鼠矣，在所自处耳!"

投资感悟

在大盘环境不好时，的确也会有一些个股跳出来"搔首弄姿"，但毕竟是少数，而且还不稳定，正如厕所里那几粒消化不干净的粮食一样，不但少而且味道也不好；在大盘好时，就如粮仓的粮食，一堆一堆的，老鼠吃住都在粮食上。

这样的情况大多投资者都有体会，沪深两市3000多只股票，下跌的只有几十只、多不过一两百只，这个时候持仓是不是上涨的机会相对会多得多？反之，在大盘环境不好的时候，沪深两市3000多只股票，上涨的只有几十只、多不过一两百只，绿油油一片，大盘稍微一晃，跌停板上趴倒一片，这个时候不空仓何时空仓？

空仓不是不操作。而是一种必要的操作手段，在大盘明显呈单边下跌的时候，在个股"落下帷幕"以后，或者自己看不清方向的时候，又或者一次完美的操作之后，心态不好、状态不好的时候，连续出错的时候，都需要空仓一下。

空仓是一种技术。任何一只股票都有下跌和调整的时候，那么这个下跌和调整的时候就需要有一个空仓操作。

空仓是一种理念，更是一种智慧。如果大盘跌时空仓，不就跑赢了大盘吗？

空仓更是一种境界。俗话说，不会休息的人不会工作，用到股市里也就是说，不会空仓的人不适合炒股。空仓时，固然会放过一些模棱两可的机会，但是会使您更清醒理智地去把握大的机会。其实，当您心甘情愿地放弃那些模棱两可的机会时，您已经是个成熟的、合格的操盘手了，您肯定已经进入了稳定的盈利状态。

空仓时，内心平静安闲，看股票比持仓时更加客观。

空仓时，无股一身轻，可以好好享受生活。

空仓时，内心安宁，有利于安心学习，反思总结，快速进步。

空仓时，对出现的机会可以快速反应，能够及时把握住，因为现金在手，行动自由，不存在卖出，所以发现机会、把握机会的时候比较迅速。就像雪夜静卧田野的猎手，时刻等待着猎物的出现，因为您不知何时狼群会呼啸而至，只有空仓时，面对呼啸而来的猎物才不至于手忙脚乱。

空仓是规避风险的一种方式，投资者应该慢慢培养自己的空仓意识。

空仓时，盘中的很多精彩篇章，一些削壁式的下跌，大面积的个股跌停。这时候在唏嘘体会股市残酷的同时，心情可能要比手里有个跌停板的股票更有闲情雅致去欣赏、去分析原因。

空仓操作最简单，也最难做到，但是最有必要。

有一首小诗写得好：

> 手把青秧插满田，
> 低头便见水中天。
> 六根清静方为道，
> 退后原来是向前。

投资哲理小幽默

特朗普说："我们准备干掉 400 万俄罗斯人和 1 个修单车的。"

CNN 记者："1 个修单车的?! 为什么要杀死一个修单车的?"

特朗普转身拍拍希拉里的肩膀，说："看吧，我都说没有人会关心那 400 万俄罗斯人吧。"

投资感悟

这就是公众，他们只关心奇怪的个案。

股市也有晴天和阴雨天，可是一般人不关心什么天气，大盘跌，3000 多家有 2800 家左右在下跌，他不管，他只遗憾万丛绿中的那一点点红。

这就是大众投资者，持仓一年四季，风雨无阻。

做股票的时候，自己一定要清楚，现在是在做行情还是在抢反弹，是在打短线还是在玩波段，行情有行情的做法，波段有波段的玩法，短线有短线的打法，反弹有反弹的抢法。

做股票有时像跳舞，有的股票一波走三根阳线就回档，有的一三四，有的走一退二，有的就是一步摇……当您跟上节奏时，那是有板有眼，买进就涨，卖出就跌；当您的步子乱时，不是您踩她的脚，就是您的脚被她踩。表现在买股票上就是买入就跌，卖出就涨，这时就是步调乱了。怎么办？

空仓！

空仓！

空仓！

等待下一首舞曲开始时再重新入场。

股票不是我们的全部，生活才是，不是还有诗和远方吗？所以在该空仓的时候就好好享受一下生活吧！

买卖股票，就是简单的一买一卖，但是这一买一卖里面包含了多少基本功，才能让您知道在该买的时候买进，该卖的时候卖出？

股市谚语： 抄底一定要晚，逃顶一定要早。

九、不求上进

上进是一种积极乐观的生活态度；不求上进就是不思进取，是一种放任自流的态度。在股市里，我们把经过一波大幅拉升，出现"露头椽子""得意忘形""含金上吊""阴魂不散""忘乎所以""当头一棒""走向深渊""落下帷幕"等一连串的技术形态后，股价还是不思进取，没有丝毫回心转意的意思，14 日均线在下穿 28 日均线后又下穿 57 日均线的这个死叉形态叫作"不求上进"。

案例 1：鸿泉物联（688288）

该股在继 2020 年 3 月 12 日的"落下帷幕"后，股价丝毫没有"回心转意""知错就改"的意思（"回心转意""知错就改"分别是一个技术形态），而是义无反顾的"不求上进"（见图1-54）。

图1-54 "不求上进"形态是下跌的临界点

案例2：信隆健康（002105）

该股在经过一波明显的拉升以后，先是出现"阴魂不散"K线组合形态提示我们减仓，然后出现"落下帷幕"告诉我们该清仓走人，到"不求上进"如果还持有股票，就不能怪主力无情了，接下来的一波大幅下跌，那就是自找的（见图1-55）。

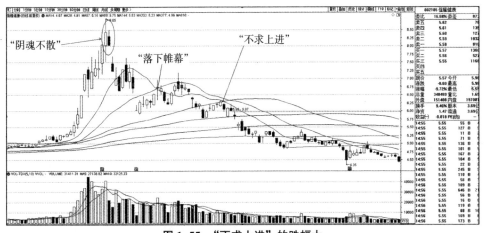

图1-55 "不求上进"的跌幅大

案例3：天夏智慧（000662）

2020年1月8日，该股的14日均线下穿57日均线，股价形成"不求上进"

的技术形态，回顾该股，它的位置并不高，而且出现此形态时也没有经过一波明显的拉升，但是后面一样的下跌，是英雄不问出处，要下跌不管来路。所以实战中遇到"不求上进"的技术形态，坚决不买股票，谁也伤害不了我们（见图1-56）。

图 1-56 "不求上进"形态跌的时间长

案例4：乐凯新材（300446）

2020 年 2 月 5 日，该股的 14 日均线下穿 57 日均线，股价形成"不求上进"的技术形态，后面没有过几天，主力又装模作样地拉了一波，让人以为调整结束了行情又开始了，实际上是主力为了出尾货（见图 1-57）。

图 1-57 "不求上进"形态简单好认

也有的时候股价在"不求上进"后，又涨起来了，那是"浪子回头"，也就是 14 日均线下穿 57 日均线后，经过缩量调整后，14 日均线又重新上穿 57 日均线，这也是一个很好的起涨点位，也是建立在前期拉升幅度不大时，在这不多赘述。

投资哲理小故事

防患于未然

有位客人到某人家里做客，看见主人家的灶上烟囱是直的，旁边又有很多木材。客人告诉主人说，烟囱要改曲，木材须移去，否则将来可能会有火灾，主人听了没有作任何表示。

不久主人家里果然失火，四周的邻居赶紧跑来救火，最后火被扑灭了。于是主人烹羊宰牛，宴请四邻，以酬谢他们救火的功劳，但并没有请当初建议他将木材移走，烟囱改曲的人。

有人对主人说："如果当初听了那位先生的话，今天也不用准备筵席，而且没有火灾的损失，现在论功行赏，原先给你建议的人没有被感恩，而救火的人却是座上客，真是很奇怪的事呢！"主人顿时醒悟，赶紧去邀请当初给予建议的那个客人来吃酒。

投资感悟

一般人认为，炒股既简单而且门槛又极低，根本不需要学习，开个账户就可以进行交易了，却不知股票有其自身的运行规律，更不知主力有自己的全盘计划，操盘手有自己的个性。股市可不是为某个人设计的，主力更不会随某个人的个性而为，所以我们要虚心学习专业知识，不要等到亏得一塌糊涂了才想着去学习。任何一个行业入门前都要学习。虽说行行出状元，可这个状元也是需要经过十年寒窗磨炼的。

投资哲理小幽默

清风，明月，华山之巅。

一老者道："当年，先是他黯然销魂掌，破了我的七十二路空明拳；然后我改打降龙十八掌，却不防他伸出右手食指和中指，竟是六脉神剑商阳剑和中冲剑并用，我又败了。"

少年听得心驰神往，正要再问，旁边老太太道："快来吃饭吧，玩个剪刀石头布都说得这么威风！"

投资感悟

股票有时要讲故事，上市公司的故事讲得好，股价涨得理直气壮、顺理成章。

炒股，某种程度上说，就是炒故事，题材有多大，行情就有多大；故事有多精彩，行情就会有多精彩；业绩的增长是实实在在的故事。讲故事是炒股的永久性题材，主力的任务就是发掘题材，发掘一个散户爱听的故事，如资产注入、重组、奥运、申博、新能源、"一带一路"、被举牌、触摸屏、无人机概念、大飞机、云计算、物联网、共享经济、雄安新区、充电桩、特斯拉……你方唱罢我方登场，搞得投资者是追着这个又怕错过那个，结果大多都是不尽如人意。故事开始的时候，股价疯涨；故事一旦讲完，秋风扫落叶、股价一片狼藉。所以，投资者听故事炒股时一定要卖在故事的高潮阶段，不要等故事讲完了股价一地鸡毛时还持有股票。

请大家看看网上这个笑话讽刺靠讲故事炒股的上市公司：

我计划收购200个男厕女厕，谋求创业板上市。理由：处理大小便，有环保概念；检验大小便，又有了医疗，大健康的概念；加个 Wi-Fi，开通 APP 找公厕功能，有了"互联网+"的概念；在从新疆往江浙一带收购，有"一带一路"概念；装个自动门，就是工业4.0；屋顶加个光伏，就是新能源；搞个自动感应冲水，就是机器人；搞个刷卡收费，就是大金融；墙上贴几个广告，又有了新传媒；门口坐俩要饭的，又有了P2P众筹；门口再种些蔬菜，就是大农业；对军人免费，军工概念也有了。这么牛的IPO，开盘肯定翻个几十倍。等开板了，蹲坑换马桶，用日本马桶盖，资产注入重组，又有好几十倍涨幅，名字都想好了，叫香阁里拉。等板够了，再改名，叫中坑集团，中字头。中字头炒得差不多了，再进行男女厕合并，叫中国中厕。

股市谚语：君子问凶不问吉，高手看盘先看跌。

十、执迷不悟

"执迷不悟"的原意是指坚持错误而不觉悟。在股市里，我们把 14 日均线继下穿 28 日、57 日均线后也不"浪子回头"而是坚定不移地走下坡路，又下穿 89 日均线的股价走势称为"执迷不悟"。

"执迷不悟"一词出自《梁书·武帝纪上》："若执迷不悟，距逆王师，大众一临，刑兹罔赦，所谓火烈高原，芝兰同泯。"形容一个人顽固不化、一意孤行、屡教不改。在生活中，这样的人不招人喜欢，自己的事业前途好不到哪里去；在股市里，这样的股价走势同样不招人喜欢。王菲的"执迷不悔"倾倒了无数人。在股市里，看到 14 日均线继下穿 28 日均线、57 日均线后也不"浪子回头"，而是坚定不移地走下坡路的"执迷不悟"走势，怎么办？好办，退出资金，打开音响，让王菲的"执迷不悔"与主力资金同行，我们只需要尽情地陶醉在王菲天后的歌声里。有音乐细胞的还可以和王菲一起哼唱，唱给执迷不悟的主力资金听听。直唱到它"迷途知返"（股价经过一波拉升后 14 日均线下穿 89 日均线再上穿 89 日均线的过程）。

案例 1：华域汽车（600741）

2020 年 3 月 17 日，该股的 14 日均线下穿 89 日均线，股价形成"执迷不悟"的技术形态，从图 1-58 中我们可以清晰地看到，股价下跌是从"走向深渊"开始，然后"落下帷幕"，之后"不求上进"，最后还是"执迷不悟"的单边下跌。

案例 2：金陵体育（300651）

2019 年 7 月 12 日，该股的 14 日均线下穿 89 日均线，股价形成"执迷不悟"的技术形态，从图 1-59 中我们可以看到，股价的下跌是以一根巨量的大阴线"当头一棒"把股价从 54.00 元打入"走向深渊"，然后"落下帷幕"，之后"不求上进"，最后还是"执迷不悟"的单边下跌。

图1-58 "执迷不悟"形态是下跌的临界点

这是一个创业板，股价出现"执迷不悟"的技术形态时股价是54元左右。随着股价的"执迷不悟"，一波不回头地下跌到最低处的22.31元，跌幅巨大。这就告诫有些执着创业板、科创板股票的投资者，不能迷信什么板什么板的，而忽视技术形态的威力，要是执着到自己的固执偏见里，立马给个腰斩的跌幅让你学习一下"执迷不悟"的厉害，所以实战中一定不能执迷不悟啊（见图1-59）。

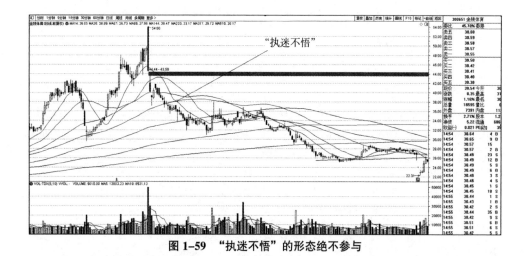

图1-59 "执迷不悟"的形态绝不参与

案例3：新华联（000620）

2020年1月2日，该股的14日均线下穿89日均线，股价形成"执迷不悟"的技术形态。股价"执迷不悟"，我们一定不要执迷不悟（见图1-60）。

图 1-60　执迷不悟的人不可理喻，"执迷不悟"的股不可买入

案例 4：喜临门（603008）

2020 年 2 月 10 日，该股的 14 日均线下穿 89 日均线，股价形成"执迷不悟"的技术走势，该股之后的走势，14 日均线就是相对最高，股价每次上摸 14 日均线的时候，就是反弹的相对高点，这恰恰和上升中的股票反过来。走上升趋势的股票，每次下探 14 日均线就是相对最低，我们沿着 14 日均线低吸都能买到股价上涨途中的相对低点（见图 1-61）。

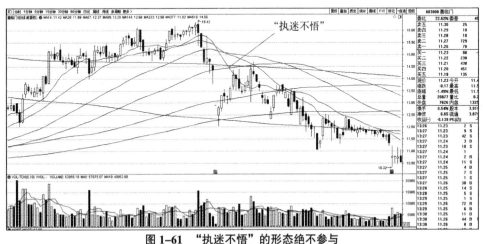

图 1-61　"执迷不悟"的形态绝不参与

投资哲理小故事

三个小金人

曾经有个小国到中国来，进贡了三个一模一样的金人，金碧辉煌，把皇帝高兴坏了。可是这小国不厚道，同时出一道题目：这三个金人哪个最有价值？

皇帝想了许多的办法，请来珠宝匠检查，称重量，看做工，都是一模一样的。怎么办？使者还等着回去汇报呢。泱泱大国，不会连这个小事都不懂吧？

最后，有一位退位的老大臣说他有办法。

皇帝将使者请到大殿，老臣胸有成竹地拿着三根稻草，插入第一个金人的耳朵里，这稻草从另一边耳朵出来了。第二个金人的稻草从嘴巴里直接掉出来，而第三个金人，稻草进去后掉进了肚子，什么响动也没有。老臣说：第三个金人最有价值！使者默默无语，答案正确。

投资感悟

这个故事告诉我们，最有价值的人不一定是最能说的人。老天给我们两只耳朵一个嘴巴，本来就是让我们多听少说的。善于倾听，才是成功人士的最基本素质。

很多投资者在给别人建议的时候，分析得头头是道，或者是看哪只股票这里应该买，那里应该卖说得都很到位，可是一轮到自己的股票就迷糊了，为什么？为什么没有空仓时分析股票那么客观了？就是持仓成本在作怪。正确的做法是忘掉成本价。只看着买卖点位。只要股价卖出的形态出现了，即使亏损，也要先出来，把根留住，以图日后东山再起有资本。

投资哲理小幽默

某日，股评家警示：要大跌了，危险。众人减仓，但股市大涨。

次日，股评家再次警示："要大跌了，危险。"

但股市依旧大涨，踏空者大骂。

终于有一天，股市一落千丈，股评家捶胸顿足："我早说过的呀，我早说过的呀。"

众人叹息:"唉!您可真是股神啊,当初真应该听您的话。"

投资感悟

这种预测就像是说某个人要挂了一样,非常准。但是什么时候挂呢?没说,反正这个人总归要挂的。到他挂的那一天,您说我早说过啊?所以用这样预测法,预测每个人都准,但是,有用吗?

所以,这并不是我们需要的,这种话说了和没有说是一样的,我们要的是具体的临界点——起涨点,就是买进去就爆发的那个点位,和一卖出就下跌的具体点位。

现在,我们用这一套股市脸谱实战系统先把股市运行规律捋清楚,然后再结合市场主力做盘手法,在"拉开序幕""战斗打响""花好月圆""前程似锦""万马奔腾""飞上蓝天""万丈高楼平地起""势如破竹""连闯两关""鱼跃龙门""蜻蜓点水""起死回生""老鼠打洞"的时候持有股票,在"落下帷幕""不求上进""执迷不悟""去意已决""年已过完""曲终人散""阴魂不散""露头椽子""得意忘形""忘乎所以""当头一棒""走向深渊"时卖出股票。

股市谚语: 伴君如伴虎,跟庄如跟狼。

十一、去意已决

南朝梁代王僧孺《为姬人自伤》诗中有:"断弦犹可续,心去最难留。""去意已决"表示再怎么挽留也没有什么意思了。股市里,我们把 14 日均线下穿 28 日均线、57 日均线、89 日均线后又义无反顾地向下穿越 144 日均线的技术走势称为"去意已决"。这是主力资金派发进入尾声,接下来会有一波大幅度的调整。

案例1:好利来(002729)

该股在一个相对的高位折腾了两三个月,最后最终选择向下,2020 年 4 月 1 日,14 日均线下穿 144 日均线,股价形成"去意已决"的技术走势,然后股价就加大了下跌的步伐(见图 1-62)。

图 1-62 "去意已决"是下跌的临界点

案例 2：珠江啤酒（002461）

该股在一个相对的高位做了一个双头以后，开始步步撤退，2020 年 2 月 13 日，14 日均线下穿 144 日均线，股价"去意已决"（见图 1-63）。

图 1-63 "去意已决"后面有大段的跌幅

案例 3：民生控股（000416）

该股经过一波拉升以后，2019 年 10 月 11 日，14 日均线下穿 144 日均线，股价形成"去意已决"的技术走势，一直到 2020 年 2 月 4 日才停住了下跌的脚步。

这个案例里边有一个经典之处：一波拉升的最高价 7.66 元，"去意已决"后下跌的最低价 3.99 元，尾数都是对子数字（《股市脸谱之二》，破译主力做盘密码里面有详细描述）（见图 1-64）。

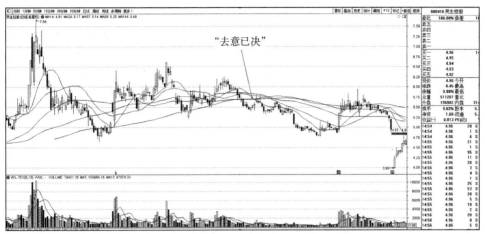

图 1-64 "去意已决"是主力资金派发完毕

投资哲理小故事

提醒自我

有个老太太坐在马路边望着不远处的一堵高墙，总觉得它马上就会倒塌，见有人向墙的方向走过去，她就善意地提醒道："那堵墙要倒了，远着点走吧。"被提醒的人不解地看着她，大模大样地顺着墙根走过去了——那堵墙没有倒。

老太太很生气："怎么不听我的话呢？"又有人走来，老太太照样予以劝告。三天过去了，许多人在墙边走过去，并没有遇上危险。第四天，老太太感到有些奇怪，又有些失望，不由自主便走到墙根下仔细观看，然而就在此时，墙倒了。

投资感悟

提醒别人时往往很容易，很清醒，但能做到时刻清醒地提醒自己却很难。所以说，许多危险来源于自身。

在股市里，我们经常看到这样一种人，如果你请他帮你看看你的股票怎么样，分析起来头头是道，从宏观到微观、从大势到个股、从海外到国内、从西方到中方，引经据典，旁征博引，可他自己的股票却操作得一塌糊涂。

就像这种"去意已决"形态的股票，其实是很容易辨认的，就如老太太一眼就能看出那种堵墙是危墙一样，对于这样的股票我们原则上是不操作的，但是有很多投资者还是忍不住参与，因为这样的股票本身是在出货，出货的时候主力肯定会制造出很多看上去良好的技术形态，好像真又要做行情一样，其实每一次拉升都是在诱多。

投资哲理小幽默

几点了

2016 年 1 月 4 日是新年首个交易日，也是熔断机制实行的首个交易日，A股即遭遇熔断。一秘书迟到了，经理质问说："几点了？"秘书答："3500 点。"经理愠怒："我问您的是时间！"秘书忙道："跌得太快了，开盘不到半小时。"经理大怒："出去！"秘书怔了怔说："熔断了，出不去……"

投资感悟

想改变世界，很难；改变自己，则较为容易。

与其改变全世界，不如先改变自己。改变自己的某些观念和做法，以应对外面世界的变化。当自己改变后，眼中的世界自然也就跟着改变了。

如果您希望看到世界改变，那么第一个必须改变的就是自己。在威斯敏斯特教堂地下室英国圣公会主教的墓碑上写着这样的一段话：当我年轻的时候，我梦想改变这个世界；当我成熟以后，我发现我不能够改变这个世界，我将目光缩短了些，决定只改变我的国家；当我进入暮年以后，我发现我不能够改变我们的国家，我最后愿望仅仅是改变一下我的家庭，但是，这也不可能。当我现在躺在床上，行将就木时，我突然意识到：如果一开始我仅仅去改变我自己，然后，我可能改变我的家庭；在家人的帮助和鼓励下，我可能为国家做一些事情；之后，谁知道呢？我甚至可能改变这个世界。

投资哲理小故事

很久很久以前，人类都还赤着双脚走路。

有一位国王到某个偏远的乡间旅行，因为路面坎坷不平，有很多碎石头，刺得他的脚又痛又麻。回到王宫后，他下了一道命令，要将国内的所有道路都铺上一层牛皮。他认为这样做，不只是为自己，还可造福他的人民，让大家走路时不再受刺痛之苦。

但即使杀尽国内所有的牛，也筹措不到足够的皮革，而所花费的金钱、动用的人力，更不知几何。虽然根本做不到，甚至还相当愚蠢，但因为是国王的命令，大家也只能摇头叹息。一位聪明的仆人大胆向国王提出谏言：国王啊！为什么您要劳师动众，牺牲那么多头牛，花费那么多金钱呢？您何不只用两小片牛皮包住您的脚呢？国王听了很惊奇，但也当下领悟，于是马上收回成命，改采这个建议。据说，这就是皮鞋的由来。

投资感悟

刚进入股市，是会有一些看不太习惯的事情：内幕交易、坐庄、信息披露不对称、停板制度和国外不一样等。这些东西就好比是路上的坎坷不平和碎石，究竟是愤愤不平地去想办法改变这些您认为的不合理现状还是委曲求全、逆来顺受顺其自然？很简单，您需要一双鞋子，把自己的双脚包起来不受伤害就够了，股市里的不合理、主力的残酷无情就比如路上的碎石，制度的完善是国家的事情、不合理事情的监督和管理是证监会的事情、做不做庄是主力的事情、查处不查处是有关部门的事，我们要做的只是在现有的情况下，做好自己的投资，走好自己的路，好的方法和技术犹如合适的鞋子，只有方法得当，才能像穿着一双合脚的鞋子一样，大步流星地在股市里平稳快速地走下去。

股价要涨，我们买入，股价要跌，我们不太情愿但是我们没有办法改变，我们的力量太微不足道了，不可能把股价下跌改变成上涨，但是我们手中的资金买还是卖我们自己能够当家做主，就像这"去意已决"，我们认识了形态，知道了意思，但改变不了事实，那我们就先出来，等待她股价"东山再起"（这个技术形态是指14日均线在下穿144日均线后又上穿144日均线），这是我们应该做的和能做到的。

股市谚语： 下跌通道抢反弹，无异于刀口舔血。

十二、年已过完

小时候年过完的时候就是我们有些失落的时候，有些很不情愿的无可奈何。在股市里，"年已过完"是指股价在经过一波大幅拉升后，14 日均线下穿 28 日均线后，又下穿 57 日均线，然后又下穿 89 日均线，继续下行，再下穿 144 日均线以后，又下穿 233 日均线的节点，我们称为"年已过完"。生活中年过完失落，股市中年过完股价下落。现在的股市容量大，投资标的多，品种丰富。3000 多只股票，有"年已过完"的，也有正在"欢喜过年的"。请看年已过完的股票走向：理工监测（002322），图不用刻意去找，只要能说明问题就行。作为投资者的我们完全可以告别"年已过完"，去参与正在进行的"欢喜过年"。

案例 1：海通证券（660837）

2020 年 3 月 23 日，该股的 14 日均线下穿了 233 日均线，股价形成了"年已过完"的技术走势，后面开始了单边下跌行情（见图 1-65）。

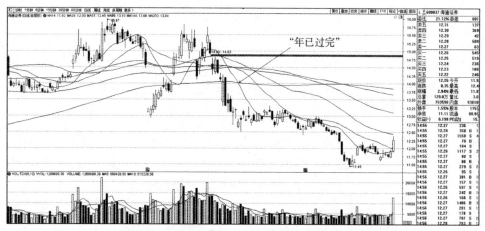

图 1-65　"年已过完"是股价走向熊市的临界点

案例 2：双赢环球（600146）

该股经过一波明显的下跌以后，在 233 日均线的支撑下，有止跌迹象，但是在 2020 年 1 月 2 日，14 日均线下穿了 233 日均线，股价形成了"年已过完"的技术走势，接下来经过稍许反弹以后，股价开启了连续跌停板模式（见图1-66）。

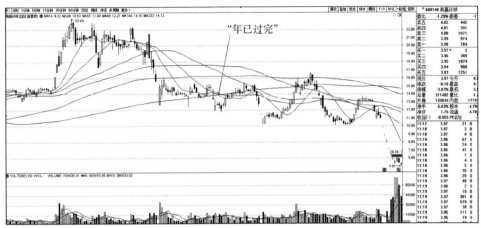

图1-66 "年已过完"是股价下跌的临界点

案例3：赢时胜（300377）

该股经过长时间的整理以后，最终选择了向下突破，在2020年3月20日，14日均线下穿了233日均线，股价形成了"年已过完"的技术走势，接下来的走势已经没有抵抗，单边下跌（见图1-67）。

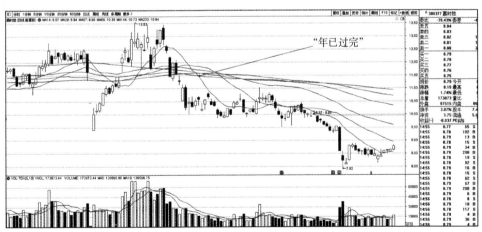

图1-67 "年已过完"接下来的趋势是长时间大幅度下跌

投资哲理小故事

一个女股民的风险

一股女辗转反侧，不能入眠，在本轮股市暴跌中她的资金缩水高达 40%。这是她入市以来受到的最大打击，她苦思冥想，究竟是什么原因使自己惨遭失败？不知不觉中，时针转向凌晨五时，她想冲个冷水澡，也许她认为只有冷水才可以使她暂时忘却伤痛，于是她卸去睡衣向浴室走去。

由于心情不好，昨晚她没有吃饭，所以觉得饿，她想起每天早上五时前会有人送订购的面包来，于是轻启大门探头往外看了看，发现她所在的 11 层公寓的过道里除了昏暗的灯光外，四下无人，而面包像往常一样已送到并被放在约五米远的大理石板上，她想反正没人看见，不如光着身子迅速从过道中取回面包，省得再去穿衣服，于是她拔腿冲了过去，说时迟，那么快，当她提着面包往回跑时忽然一阵风吹来，只听"咔嚓"一声，大门被风关上了，赤身裸体的她被锁在了过道中，她吓出了一身冷汗，埋怨风的同时也埋怨自己的侥幸心理，于是她轻轻叩门，并小声喊着她爱人的名字，当然，她不敢喧哗，她深知一旦吵醒了邻居，后果"不堪设想"，可是如不大点声，老公显然听不见，正犹豫间，她"顿悟"了：这阵风来得不明不白，不正像股市中所说的系统"风"险吗？

"眨眼间令我狼狈至此，可我如果早有准备，哪怕穿条裤衩也不至于如此难堪，就像我当初买入股票时如果设个止损点也不至于一败涂地啊！"正想着，她听到邻居家开门，她大惊失色，猛地冲向电梯，很快闪身躲了进去，在电梯关门的刹那，她看到原来是邻居张先生出来取面包，正当她庆幸自己能够急中生智之时，电梯已开始起动，她抬头一看，暗叫"不好"，原来电梯正从 11 楼降到了 1 楼，她叫苦不迭，因为没有防范"风"险，现在是一步错步步错，这炒股还真像坐电梯，转眼就把自己从 11 楼无情地抛到 1 楼。随着一声沉闷的"吽当"声，电梯门被打开了，公寓里传来了几名男子的尖叫声。

投资感悟

什么是系统性风险？系统风险又称市场风险，也称不可分散风险，是指由于某种因素的影响和变化，导致股市上所有股票价格的下跌，从而给股票持有人带来损失的可能性。系统性风险主要是由政治、经济及社会环境等宏观因素造成，投资人无法通过多样化的投资组合来化解的风险。概括起来主要有以下几类：

1. 政策风险

经济政策和管理措施可能会造成股票收益的损失，这在新兴股市中表现得尤为突出，如财税政策的变化，既可以影响到公司的利润，股市的交易政策变化，也可以直接影响到股票的价格。此外，还有一些看似无关的政策，如房改政策，也可能会影响到股票市场的资金供求关系。

2. 利率风险

在股票市场上，股票的交易价格是按市场价格进行，而不是按其票面价值进行交易的。市场价格的变化也随时受市场利率水平的影响。当利率向上调整时，股票的相对投资价值将会下降，从而导致整个股价下滑。

3. 购买力风险

由物价的变化导致资金实际购买力的不确定性，称为购买力风险，或通货膨胀风险。一般理论认为，轻微通货膨胀会刺激投资需求的增长，从而带动股市的活跃；当通货膨胀超过一定比例时，由于未来的投资回报将大幅贬值，货币的购买力下降，也就是投资的实际收益下降，将给投资人带来损失的可能。

4. 市场风险

市场风险是股票投资活动中最普通、最常见的风险，是由股票价格的涨落直接引起的。尤其在新兴市场中，造成股市波动的因素更为复杂，价格波动大，市场风险也大。

其他如战争，流行性疾病、洪水、火灾、冰雹等自然灾害每一个都属于不可控制的系统性风险。

投资哲理小幽默

两个人在森林里，遇到了一只大老虎。A 就赶紧从背后取下一双更轻便的运动鞋换上。B 急了，骂道："您干嘛呢，再换鞋也跑不过老虎啊！"

A 说："我只要跑得比您快就好了。"

投资感悟

读者朋友，当大盘的系统性风险来临时，您准备好"跑鞋"了吗？您不需要跑过"老虎"，您只需要跑过其他的散户就可以了。虽然这话说出来很残酷，但是很现实。

股票下跌的原因很多，最根本的原因是卖出的人多了。卖出的正确理由确切说只有一个：那就是股票涨不动了，要下跌了。但是实际上，卖出股票的人理由千奇百怪，有的急着用钱了，有的感觉不好了，有的是朋友要他卖出的，有的是心情不太好，甚至有人会因为下雨而卖出股票……不管这些人有什么理由卖出，荒唐与否我们不讨论，但是只要卖出的人多了就和您有关系。

投资哲理小故事

一个农场主在他的粮仓里放了老鼠夹，老鼠发现了去告诉母鸡。母鸡看了看老鼠说："这和我有什么关系，您的事，自己小心吧。"母鸡说完走了。老鼠又跑去告诉肥猪。肥猪淡淡地说："这是您的事，还是自己小心为好。"说完慢悠悠地走了。老鼠又跑去告诉大黄牛。大黄牛表情冷漠地说："您见过老鼠夹子能夹死一头牛的吗？祝您好运。"说完也骄傲地走了。

后来老鼠夹子夹到了一条毒蛇。晚上女主人到粮仓里取粮食时被这条毒蛇咬了一口并住进了医院。男主人为了给女主人补身体把母鸡杀了。女主人出院后亲戚都来看望，男主人把肥猪宰了招待客人。为了给女主人看病欠了很多钱，没办法男主人把大黄牛卖给屠宰场宰了。

看了这个小故事再想想我们的股市，会有多少看起来风马牛不相及的原因导致股票下跌？而且又有多少看似和股市没有直接关系的实际都会影响到股市涨跌的东西呢？简直太多了。例如，昌九生化（600228）2013年末的暴跌就引发了惨烈的爆仓事件。

对此，我不想说什么，我知道，这个股票不但伤了很多人的心，最重要的是伤了不少人的钱，更是深深地伤了融资买入人的钱。有句话说，别让自己的笑声伤了隔壁的痛苦。这个股票我做过，是赚钱的，不是"马后炮"，在此只是来讨论一下怎么做股票，望被"昌九生化"伤心伤钱的朋友们见谅，没有在您伤口上撒盐的意思，先来看一下，第一个跌停板是 2014 年 11 月 4 日，11 月 2 日和 3 日停牌，那么就说 2014 年 11 月 1 日好了。11 月 1 日这天的股价先看均线形态处于什么位置。在 2014 年 6 月 25 日这天股价的 14 日均线下穿 28 日均线走出"落下帷幕"的形态，然后又继续在 7 月 2 日 14 日均线由下穿 57 日均线走出"不求上进"的形态，在 7 月 23 日 14 日均线又继续向下穿越 89 日均线走出"执迷不悟"的形态，在 8 月 20 日还是继续下行穿越 144 日均线形成"去意已决"的技术形态，且不说在 2014 年 6 月 25 日以前的 K 线走出都少个出货形态，单单均线就接二连三出现暗示下跌的技术形态，而且市场给了几个月时间，您不走，最后您埋怨谁？埋怨主力资金无情？这还算主力资金无情吗？我看只能怪自己不认识主力资金给我们发的信息，这一根根的 K 线不是主力资金做出来的吗？您还要主力资金怎么告诉您（见图 1-68）。

图 1-68　箭头所指处分别为"落下帷幕""不求上进""执迷不悟""去意已决""曲终人散"

再说说我是什么时候怎么做的该股，没有别的意思，旨在分析股票，我们往前看到 2012 年 12 月 28 日这天，跌停板。我们来研究一下这个跌停板，这是巨量跌停。

世上本没有跌停，卖的人多了，就成了跌停。

是这样吗？我们仔细看看这个跌停板（见图 1-69）。

图 1-69 "跌而不停"的跌停板是主力资金在吃货

这是一根跌而不停收盘时以跌停报收的跌停板，当天的成交金额是 3 个多亿，换手率 9%，跌停板出货？前三个交易日是涨停，突破历史高点，刚刚突破就出货，解放全人类后就出货？当代活雷锋？可能吗？显然不可能！那这跌停板上的 3 亿多元是卖还是买呢？弄不明白不要紧，市场会给出答案的，只要用心。

没有过几天，后面的走势就给出了答案，因为主力资金出货有很多种方式，如拉高出货、震荡出货等，利用跌停出货是最迫不得已的，也可以说是最无奈的出货方式，不到万不得已主力资金是不会在跌停板出货的，如果是利用跌停板出货的话那就是主力资金跑得丢盔弃甲，可是该股接下来一周的走势并不是这样，而是慢慢悠悠地横盘到 14 日均线处。2014 年 1 月 14 日，一根小阳线自下而上穿越 14 日均线，"势如破竹"的技术形态出来了。

再来看看该股的周线和月线，不错，全是多头排列。

英国有句古话：一个贵族的气质至少需要三代百万富翁来打造！

我们把这句话引用到股市里比喻为：一个股票的主升浪的打造至少需要三个周期的和谐才能共振（月线、周线、日线都是"富翁"的多头排列）。

不管该股的基本面如何，有无什么利好消息，从技术面的走势来看，一波行情已经是势不可当，于是果断买入（见图 1-70、图 1-71、图 1-72）。

第二天，没有什么起色，也没有什么走坏的意思（指股价走下 14 日均线）。第三天狐狸尾巴露出来了，没有放什么量就把股价封在了涨停板上，说明主力资

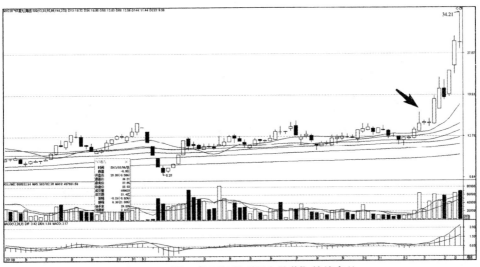

图 1-70 周 K 线已经是"天女散花"的终点处

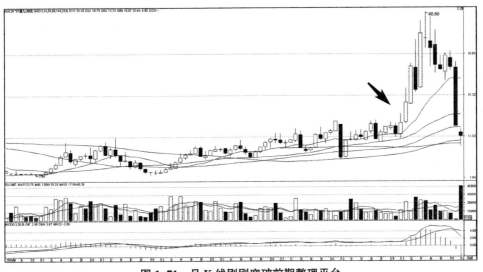

图 1-71 月 K 线刚刚突破前期整理平台

金的控盘程度挺高的，介入挺深，筹码大部分都在主力资金手里。安心持股，期望值可以比预期稍微再放高些，也就是说后面要多些耐心。2014 年 1 月 25 日，一根长长的上影线（我们称这样的形态为"露头椽子"，这是个出货形态）打破了我的耐心，出局。7 个交易日，中间算上周六日和停牌两天一共 11 天。20 多个百分点的利润（见图 1-73）。

图 1-72 日 K 线是"势如破竹"的起涨点

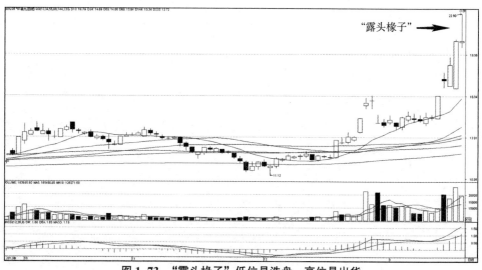

图 1-73 "露头椽子"低位是洗盘，高位是出货

　　2014 年 2 月 6 日，股价经过十来天的调整，在 14 日均线的支撑下又拉出一个涨停板，主力的实力果然不凡。但这已经与我无缘，我的资金已经在其他股票里面了，只能暗暗地给主力资金喝彩（见图 1-74）。

　　2014 年 3 月 14 日，一根跌停板的巨量大阴线打破了 14 日均线（我们把这根大阴线叫作"走向深渊"），这个跌停板的意义恐怕和 2012 年 12 月 28 日的跌停板不太一样。那时股价 15 元左右，现在 30 元左右；那时是刚刚突破，现在是一波翻番的拉升后。2014年3月29日，14日均线下穿28日均线，"落下帷幕"的技术走势更加确认了14日的跌停板是出货（见图1-75）。

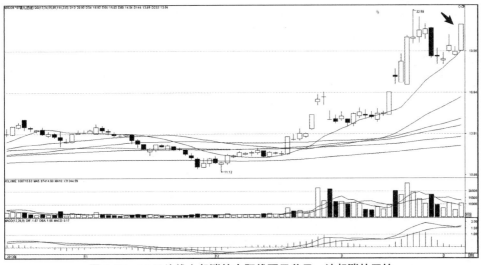

图1-74 14日均线上起涨的大阳线预示着又一波起涨的开始

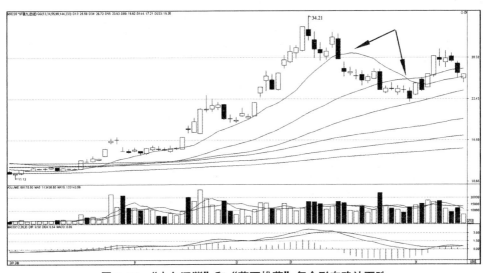

图1-75 "走向深渊"和"落下帷幕"复合形态确认下跌

2014年4月22日，14日均线又上穿28日均线（我们把这样的走势叫作"知错就改"）。一般"知错就改"的形态意味着又一波的拉升，但是如果在一波相对大的拉升后又出现"知错就改"的技术形态，我们不能视作是行情深化，应该理解为主力资金的筹码太多，短时间内出不完，还需要再维持一段时间出货，看样子这个股属于后面一种情况。接下来的走势证实了这个判断，这段时间不管阴阳成交量都不减，说明主力资金在维持股价的同时一直在不停地出货。主力资金在高位维持了一段时间后，货出得差不多时，技术形态上就依次走出了"露头椽子""忘乎所以""得意忘形""当头一棒""走向深渊""落下帷幕""不求上进""执迷不悟""去意已决"。然后，股价就跌停了（见图 1-76）。

图 1-76　出完货的股价就像断了线的珠子连续跌停

既然说到这只股，我们就再来说说这只股票背后的一段故事，说说 T + 1 制度内的 T + 0。

这个主力的手法太不简单了。2014 年 12 月 25 日，10 个跌停后的昌九生化没有封死跌停开盘，跌停价是 9.12 元，而这天集合竞价是 9.21 元开盘，这样不封死的开盘价对上面三四十元买入经历了 10 个跌停板被深套绝望的人来说，真的是难得的机会哦，来不及擦干这不幸中的万幸喜极而泣的泪水，赶紧挂单吧，看看成交量就知道有多少人仓皇出逃。然而，股价开盘后并没有封住跌停，而是喜剧性地直奔涨停而去，刚刚卖出的人傻眼了，再揉揉眼，是的，奔涨停而去了，难道传说中的利好真的要兑现了？难道这十来个跌停板是洗盘？难道……不管怎么说，股价真的是在涨停附近晃荡，再不买一会封住怎么办？算了，还是买吧，于是在跌停板附近卖出的人有的又在涨停板附近买了回来（见图 1-77、图

1-78）。

图 1-77 跌停拉到涨停的天地板

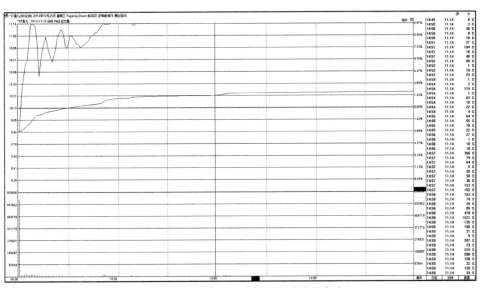

图 1-78 涨停板附近来回开板让交易自由

股价还真不负众望，在涨停板附近晃荡了一个小时左右，让想买的人不但有机会买入，而且还有充分考虑时间，等人们都如愿以偿地买入后，股价死死地封住了涨停板。

收盘，股价封在涨停板上动也不动，买入的人们那个乐啊，计算着，如果重组成功？如果拉 20 个板，我的资金能翻到多少多少？要知道有多少人们按捺不住的喜悦心情，到 600228 的贴吧里看看就知道了，真的是充满欢声笑语，到处喜气洋洋。

第二天，真是天不遂人愿，股价又以跌停开盘，头天买入的人彻底蒙了，好在股价没有封死跌停，还给人留一条生路，那就赶紧逃命吧！可是卖出后不久，股价并没有跌停，而是又奔涨停去了，头天的一幕又重演了一遍，股价又封住了涨停（见图 1–79、图 1–80）。

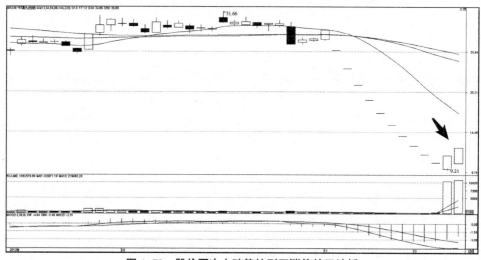

图 1–79　股价再次由跌停拉到了涨停的天地板

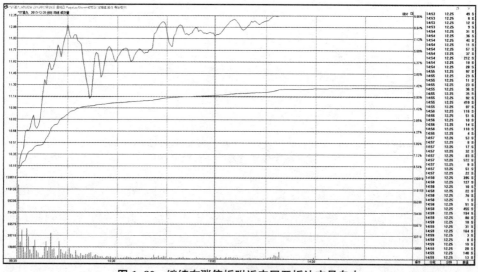

图 1–80　继续在涨停板附近来回开板让交易自由

可是，接下来的走势并没有给人们欢乐，横盘了几个月后，被戴上了ST的帽子。

这两个几乎由跌停开盘到涨停的涨停板成了该股戴ST帽子前的绝唱。每天的换手率达到40%多，这40%多的买卖里面不知掩埋了多少散户的血和泪。

这就是主力资金典型的T+0手法。

第一个涨停板，主力资金在近跌停开盘时，把散户要卖的筹码一网打尽，然后迅速地把股价拉倒涨停板附近，横盘了将近一个小时，又把手里原有的压仓底筹码卖给了散户。这个中间的差价是近20%。

第二个涨停板，主力资金还是以跌停开盘，让散户把昨天买入的筹码在跌停板上割肉，主力一律笑纳，然后又拉到涨停附近，开始卖货，把昨天买入的卖出，差价又是近20%。

后面一段时间的横盘属于清仓出尾货，主力是只要有买的就卖，来者不拒，等卖的差不多了，股价也就没有人再管了，放任自流，然后就ST了。

故事就是这样的（见图1-81）。

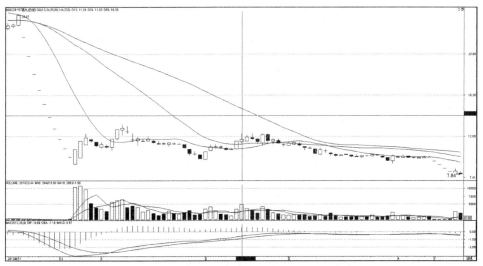

图1-81　出货的股价如一江春水向东流去

炒股，正确的炒法应该是在主力刚刚开始编故事时就买进，在故事快讲完的时候就卖出。如果不能准确地知道故事的开始和结束，就按照形态来，看懂了形态，就知道了故事的本意。不管怎么样，可不能像对待昌九生化一样，等故事讲完了，股价都"曲终人散"了，您还陶醉在故事里无法自拔，那就不是我们的本意了。

投资哲理小故事

20世纪初叶，蒸汽火车仍然十分普遍。有两个人乘火车去旅行，他们以前从没有坐过火车，感到非常紧张，因此带了一些苹果，以为吃苹果可以帮助他们转移注意力，忘掉紧张。两个人买了车票上了车。他们买的是最便宜的车票，持这种车票只能坐三等车厢，那里都是木制的硬座，而且没有灯。尽管如此，两个人还是非常高兴地踏上了旅途。两个小时过去了，两个人决定每人吃一个苹果。当第一个人刚开始吃的时候，火车进入了隧道。

"您吃苹果了吗？"第一个人问。

"没有。"第二个人回答。

"千万不要碰它！"第一个人说，"我刚吃了一口，眼睛就什么都看不见了。"

昌九生化的故事有很多版本，但是不管哪个版本也讲不清真实的原因，作为局外人，我们只能去瞎猜，它的本质就如上面故事里的苹果，眼睛看不见根本不是因为吃苹果，要找对原因，才能避免下次吃亏。

股市谚语：打得赢就打，打不赢就走。

十三、曲终人散

"曲终人散"，出自唐代诗人钱起进士所作《省试湘灵鼓瑟》诗末二句"曲终人不见，江上数峰青"。后演绎为曲终人散，指一切都结束了。意为：鼓瑟之人一曲演罢，听客纷纷离去，江水依旧东流，峰峦叠起青山依旧。

"曲终人散"从字面上看就不是什么好的寓意，在股市里，我们把14日均线下穿28日均线后，继续下行穿越57日均线后、89日均线、144日均线、233日均线，丝毫没有回头的意思，又继续下行穿越377日均线之时，称为"曲终人散"。

案例1：渤海轮渡（603167）

该股在2020年2月17日，14日均线下穿28日均线后，继续下行穿越57

日均线、89 日均线、144 日均线、233 日均线，丝毫没有回头的意思，又继续下行穿越 377 日均线形成"曲终人散"的技术走势，预示着一切都已经结束了（见图 1-82）。

图 1-82 "曲终人散"是行情彻底结束的标志

案例 2：思美传媒（002712）

2020 年 2 月 5 日，该股的 14 日均线下穿 377 日均线形成"曲终人散"的技术走势，回顾该股，目前所处的位置并不算太高，股价也不算太高，但是卖出形态出来以后股价还是一样的跌，没有最低，只有更低。

这个案例里面的阶段性最高价 8.98 元是一个夹板数字，阶段性最低价 5.67 元是一个一条龙数字（这是主力做盘密码）（见图 1-83）。

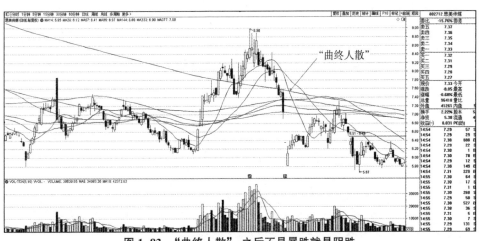

图 1-83 "曲终人散"之后不是暴跌就是阴跌

案例3：ST博信（600083）

该股在2019年末的时候，就已经走出了"毛毛虫"（《股市脸谱之二》有详细描述）的走势，然后股价来了一个回光返照，在走向暴跌之前，又把股价往上拉了一小波，最高价拉到30.65元。然后开始下跌，2020年3月6日箭头所示处的"曲终人散"后的股价是一地鸡毛。最低处2020年5月29日竟然跌到3.27元，从30.65元一口气中间不反弹跌到3.27元，用时近三个月，股价跌去89.3%，是不是有些不可思议？但这就是事实，这就是"曲终人散"的市场意义（见图1-84）。

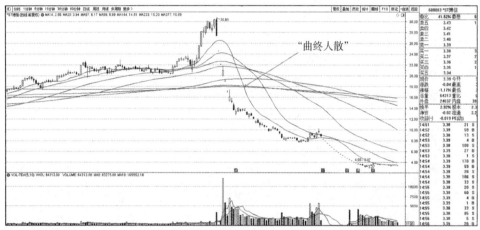

图1-84 "曲终人散"的形态是股价走入熊市的转折点

投资哲理小故事

靴子落地

有个老人的卧室楼上住着一位年轻人，年轻人往往深夜归来。进房脱下靴子，往地下重重一扔，"嘭"一声，声震全屋，把楼下老人从梦中惊醒，接着又"嘭"一声，另一只靴子又重重落地。老人这才能辗转反侧又重寻梦境。久而久之，老人形成了条件反射，每晚都要等到两声响过之后才能入睡。有次老人实在忍无可忍，就上楼向年轻人提出抗议。年轻人这才知道自己随心所欲的举止伤害了别人。满口答应今后改正。

第二天晚上，年轻人深夜回房，又是"嘭"一声一只靴子落地了，老人忍住怒气等待着另一只靴子落地，可是左等右等，再也没有声息，却又不敢安睡，生怕忽然"嘭"一声不期而至，直熬到天明，一夜失眠。满腹狐疑地上楼查问，原来是年轻人照老习惯扔下一只靴子后忽然想起老人的抗议，赶紧把第二只靴子轻轻地、轻轻地放到地上，不发出一丝声响，却不想反而害得老人终宵失眠。

投资感悟

说利空出尽是利好，利好出尽是利空。

股价"曲终人散"的时候，也就是最后一只靴子落地了，接下来我们需要做的只是耐心地等待它自由回落，因为最后一只靴子已经落地了，我们可以安心地睡大觉了。等它一直回落、回落、回落到 14 日均线附近不再回落，然后 14 日均线开始慢慢走平，股价"万丈高楼平地起"，然后在上穿 28 日均线"拉开序幕"，再上穿 57 日均线"战斗打响"，上穿 89 日均线"花好月圆"，上穿 144 日均线"前程似锦"，上穿 233 日均线"欢喜过年"……就像大自然昼夜循环一样，股价也是从"万丈高楼平地而起"到"拉开序幕"到"战斗打响"，到"走向深渊"，到"落下帷幕"，到"不求上进"，再到"万丈高楼平地而起"，周而复始。

炒股如跳舞。要踏准主力资金给出的舞步节奏，是慢四您就进二退二，是三步您就蹦恰恰、蹦恰恰，是一步摇您就慢慢晃，是激情四射的的士高您就放开手脚随主力资金疯狂一把。

在主力资金吸货时，盘面的节奏就是一步摇，主力资金在忽明忽暗、似有似无的灯光下偷偷摸摸地做着小动作，而您却激情似火地进场期待着舞上一曲三步、四步，甚至想来一曲热舞，怎奈就是没有您期待的跳闪灯光和蹦恰恰舞曲，在您实在寂寞难耐的时候，很不协调地做出扭捏的丑态，笨拙得不合节拍。主力也看您实在是不合群的时候冷不防一个扫荡腿（回调大阴线），您就被一瘸一拐地被保安搀扶出场。表现在盘面上的股价就像一潭死水，K 线小阴小阳蚂蚁般的一点点向前爬行，大盘涨它也不涨，大盘跌它也不怎么跌，等着把散户的耐心考验足了以后，一个散户坑，把热情似火、豪情万丈、志在必得的您坑杀在散户坑里。然后，主力一个鲤鱼打挺的"鱼跃龙门"，在您陶醉在一步摇的半睡半醒的舞曲中时战斗就打响了，您当然不能够仓促应战，或者还在惊魂未定的散户坑中，主力谢也不谢地接过您手中的低价筹码，扬长而去。

什么是迪斯科？就是"战斗打响""花好月圆""前程似锦""欢喜过年""万马奔腾""展翅高飞""飞上蓝天""鱼跃龙门""三座金山"时股价收涨停板，这样的股票给出的节奏就是一步到位的连拉涨停，这是疯狂的迪斯科行情。这个时候的主力不遮不掩，不背不藏，明目张胆要涨，只是怕您还是扭扭捏捏、羞羞答答放不开身段，或者是还听不出鼓点，分不清主力给出的是什么节奏，等两三个涨停板以后，您看清楚了，明白了，但是没有办法跟上了，即使强行跟上了，股价也基本上到顶了，特别幸运的情况您也许还能吃到点鱼尾行情，但是大多时候的结局是不幸的，这就和跳舞一样，音乐响起，别人都已经邀请美女进场了，您还在听鼓点辨舞曲，等您弄明白了，美女已经被邀请得差不多了。

等又一曲舞曲响起，您以为又是疯狂的迪斯科，第一个疯狂的冲进舞池，肆无忌惮地扭动起来，结果，又糗大了，主力这次却跳起优雅的慢四，您看看身边都是一双一对的俊男淑女在迈着优雅的舞步时，只有您一个人在疯狂地嗨。股市在什么时候会这样的窘迫呢？还是在"战斗打响""花好月圆""前程似锦""欢喜过年""万马奔腾""展翅高飞""飞上蓝天""鱼跃龙门""三座金山"时，但唯一的区别是这次股价不是以气吞山河之势收涨停板，而是在您认为股价就要涨停实际上也是快涨停的时候，停下了疯狂的迪斯科脚步，跳起了优雅的慢四，或者是股价冲向涨停板以后，优雅地打开，跳起了不紧不慢的慢四，而您，由于目前的 T+1 制度，被尴尬地放在了涨停板附近，就像被钉在舞池中央一样，看着别人优雅地搂着对方窃窃私语地说着情话迈着不紧不慢的舞步，而此时的您觉得他们好像都是在偷笑您似的那么无地自容，您也只能等着看着别人都优雅地退场，只能第二天灰溜溜地割肉，然后躲在阴暗的角落里独自疗伤。

这时候，音乐又响起，跳起了您熟悉的蹦恰恰。您也熟悉这个旋律，也听出了鼓点，可是，您已经大伤自尊，没有脸面也无心去邀请您心仪的舞伴，只有欣赏的份了，这个欣赏还是需要您有一定的气度，有一定雅量，要是没有点气度和雅量，您恐怕连欣赏的机会都不给自己，气呼呼、灰头土脸地离场了。在股市什么时候是这种情况呢？就是在："天女散花""战斗打响""花好月圆""前程似锦""欢喜过年""万马奔腾""展翅高飞""飞上蓝天""鱼跃龙门""三座金山"以后，股价没收涨停板，而是收了一根大阳线，您就是在这根大阳线的高处时判断失误进场的，第二天，股价如期回调，您割肉。第三天股价又来一根阴线，好比把您扔在阴暗的角落里。第四天或者第五天，股价收阳线吃掉阴线，欢快的三步，节奏明朗，步履轻盈，可是经过前面几次的折腾，您资金已经所剩无几，心情也大受影响，或者还在被套疗伤中。就如我上面所说，有点雅量的人，还能欣赏欣赏，没点雅量的人会暴躁地说：这只股票不好，我再找一个去，或者说，股市不适合我，如何如何。

其实再多找只股票又如何呢？您需要的是改变自己，改变自己的理念，提高自己的技术，而不是重新换股票。

投资哲理小幽默

秀才的四个梦

一个秀才第三次进京赴考，住在以前住过的店里。临近考试晚上没心思读书，早早睡下做了四个梦：第一个梦是梦到自己出门碰到了一家人在出殡；第二个梦是梦到自己在墙上种菜；第三个梦是梦到自己下雨又戴斗笠又打伞；第四个梦是梦到和自己心爱的人光身睡在床上，可背靠背……

第二天秀才想做这样的梦应该有什么深意，于是就找到算命先生去解梦，算命先生一听，一拍大腿说："您还是趁早回家吧，您看您做的梦：出门遇到出殡，晦气啊；墙上种菜您不是白种吗？下雨天您戴斗笠又打伞，说明您多此一举，睡在一起却背靠背是告诉您没戏了……"

秀才心灰意冷，回店收拾东西准备回家。店老板好奇地问："明天就考了，您今天怎么要回呢？"秀才就如此这般说了一番，老板笑笑说："我也会解梦。我给您解解看，我倒觉得您一定要留下来，您想想看，出门遇到出殡说明升官发财啊，墙上种菜是高中呀，戴斗笠打伞您是有备无患呀，更说明江山社稷需要您啊，和您心爱之人背靠背不正是要告诉您翻身的时候到了吗？"

秀才觉得老板的话有道理，精神大振，结果出榜之日，他居然中了探花。

投资感悟

股票"曲终人散"了，不要悲观，说明机会即将来临，因为下面就该表演"拉开序幕"了。您要等待时机入场。

积极的人像太阳，照到哪里哪里亮；消极的人像月亮，初一十五不一样。悲观的人看到半瓶酒会说："唉，就剩下半瓶酒了。"乐观的人看到半瓶酒会说：

"真好，还有半瓶酒哩！"在股市里，要在跌中看到涨，涨中看到跌；大跌中看到机会，大涨中看到风险。股价虽然是"曲终人散"了，可是离"拉开序幕"是不是不远了呢？

万事由心生，您的喜怒爱恨皆是心中所想，想法决定我们的生活，有什么样的想法，就有什么样的未来。您的心在哪里，您的财富就在哪里。思路决定出路，观念决定贫富，脑袋决定口袋。

股市谚语：利好出尽是利空，利空出尽是利好。

第二章　K线篇

第一节　认识K线

　　K线，本来是古代日本米市上的商人用来记录米价行情的，因为它的形状酷似蜡烛，故又称"蜡烛线""阴阳烛"，再后来，随着社会的进步与发展，被应用到证券市场。K线，从表面上看，就是记录股票价格的一张图表，无非就是开盘价、收盘价、最高价、最低价四种价格而已，但实质上却并非那么简单。

　　每日K线的本质是记录了多空双方一个交易日里的激烈搏杀的过程和结果，因此K线实质上也反映了多空搏杀的过程。从这个层面看，K线将不再是静态的图标和死的符号，而是一副活的画面，是一场赤身相搏的残酷争斗，是一场正在进行着的战争。在这场战争中，财富被合法地悄然重新分配，市场也物竞天择地选出胜利者和失败者。所以，这些多空搏杀都隐藏在K线的背后，就像茫茫大海一样深不可测、包罗万象。

　　K线，不可小觑！

　　所有的技术分析，无外乎价、量、时、空四大要素，而其中的价格是其他技术指标的基础和根本，表现在：一是快；二是真实；三是不可变。在各种指标中，K线要比各种指标领先一步，其他的技术指标都是以它为依据来形成的。主力要拉升一只股票，最直观的就是从几元涨到几元，而此时的K线会忠实地记录每一天的看盘价、收盘价、最高价和最低价，哪怕是这里面有主力故意做盘使用的对敲、自买自卖，哪怕是只有一笔成交，它也是必须有成交才行，而且每一笔都必须是真金白银的成交，所以它们都很真实。相对其他技术指标而言，只有K

线是一种不变的盘面语言，不管您用什么参数，价格都是一样的；不管您用什么软件看盘，都不会出现不同，其他的技术指标却不一样，如均线，它的值每天都是根据股价的变化而变化的，MACD 的金叉、死叉也是通过成交量的改变而变化的，而且金叉、死叉也会根据参数的设置不同而不同。所以，投资者一定要下功夫把最基础的、最核心的 K 线研究明白。并且 K 线和均线的结合，也解决了均线的滞后问题。

对于一般投资者而言，看到的一根根 K 线，并没有多大的区别，也不会觉得有哪一根特别刺眼。但对于一个职业操盘手来说，看到某些 K 线，就会眼前一亮，像鲨鱼闻到血腥一样兴奋激动。这如同对于一般的行人而言，不会过多注意马路边高杆上的各种指示牌，即使看了，也看不懂，哪个是限速、哪个是禁止掉头、哪个是禁鸣喇叭。但是对于驾驶员来说，那些指示牌不但要看，而且必须高度重视并且依照指示牌行驶，否则就会违章、被扣分甚至出车祸。同样，K 线图就是这些信号灯，有的 K 线是发出见底的信号，有的 K 线是发起进攻的信号，有的 K 线是发出调整的信号，有的 K 线是发出撤退的信号。所以我们在看 K 线图的时候，必须深刻地弄懂它们的含义，这样在操作中该进就进、该退就退，才不会出错。如果不知道、不按规矩来，就会和开车违章一样被罚款。

分析 K 线和 K 线组合，一个重要的前提就是：一定要先分析股价所处的位置，同样的一根 K 线，所处股价的位置不同，它的市场意义也是不一样的。比如一根大阳线，在绝对底部就是股价启动的标志，在一波拉升之后出现就是出货；又如一根大阴线，出现在一波拉升后就是出货，出现在下跌末端就有可能是股价的最后一跌，这就像橘子，生在南方成为橘，甘甜可口；生在北方，成为枳，又苦又涩。

第二节　认识主力

主力是指能够主导某股票股价的大资金。证券市场是一个庞大的综合性系统，其中参与的投资者形形色色，所以我们很难用一个词精确地描述。在股市做庄是不合法的，但是由于目前证券市场发展得还不够成熟，这种现象仍然存在。

股市里的主力，究竟何许人也？我们做股票的人都耳熟能详但又都没有见过的神秘人物。当然，哪只股票的主力也不会在进驻这只股的时候敲锣打鼓地来个奠基仪式或开场白自我介绍一下，说我们是某只股票的主力。但是，即使他再隐蔽偷偷摸摸地进行，在一个职业的、熟练的操盘手眼里，还是会像猎人一样通过一些蛛丝马迹发现、跟踪并擒拿住主力。

怎么发现？其实，一根根 K 线就是主力的化身，我把这些复杂的 K 线通过分析、理解主力的真实意图后，再用一个个简单的命名来体现主力的这些行为。就比如一台电视机，它的内部构造很复杂，功能也很多，但是厂家制作了一个遥控器，您只需按照遥控器上面的按钮操作，就可以使这些复杂的功能简单化。在实战中，我们把这一根根 K 线的真实意图总结、归纳出来，您了解了以后，就好比掌握了这个遥控器，不需要去弄懂制造电视所需要的很多科学知识就能享受高科技带来的成果。在实战中只需按照这些 K 线形态给出的信号买入卖出就能体验到买入就涨、卖出就跌的炒股乐趣。

按性质进行分类，主力可以分为政府主导类主力、基金主力、券商主力、上市公司主力，投资机构主力、个体投资者主力。

按操作阶段来分，主力可以分为长线、中线、短线主力。

主力的操盘流程简单地说就是进货、拉升、出货。

具体一些就是进货、拉升、洗盘、拉升、震仓、拉升、出货、再出货、砸盘、进货。

投资哲理小故事

中国以前流行赌骨牌。骨牌共有 36 个数字，1~36。赌客任押其中一个数字，主力开牌只开一个数字。如果被您压中的话，1 赔 35。

有位老赌客，很久都没有赢过。有一天，他拿了 36 个赌注入场，告诉主力说："我不想再赌了，但在我收手之前，我一定要赢一次。今天我拿了 36 个赌注入场，从 1 押到 36，我不可能一个数字都压不到，明天我就收手。"讲完他去上厕所，途中从他的怀中掉了一个红布包好的赌注，主力乘赌客没注意，偷偷地把这一注收起来，打开一看是 12。

赌客从厕所回来，把他的赌注全部摆上台面，但只有 35 注，另外一注怎么都找不到。他搔着头皮说："奇怪，我明明带了 36 注来，另一注掉到什么地方去了？会不会留在家里没带来？"但因主力开牌在即，回家一趟已来不及了，他便说："算了，只差一个数字，应不会有大关系。"主力不愿失去这位赌客，便决定这一次开 12。赌台上的人全注视着摆在台面上的 35 个小红布包，打开第一个包，押 12，第二个包，押 12，……35 个小红布包全押 12！

主力就此破产。

投资感悟: 能不能把主力押破产？先别急，我们先来认识一下主力（K 线形态）是何许人也？再看自己有没有这个本事。

第三节　K 线形态

一、万丈高楼平地起

对这个词语字典里的具体解释是：再高的大楼都要从平地修建起，要把基础打牢，也比喻事物从无到有。

运用在股市里，就是股价经过长期下跌以后，空头力量的做空动能得到充分释放，14 日均线和其他均线呈典型的空头排列之势，在股价的绝对底部，14 日均线慢慢走平到上翘，股价站上 14 均线。我们把这根自下而上穿越 14 日均线或者站在 14 日均线之上的 K 线叫作"万丈高楼平地起"。这是一张充满正气、刚正不阿的股市脸谱。

为什么这么说呢？因为这预示着股价轰轰烈烈的一波行情要开始了，"万丈高楼平地起"！从 14 日均线的走平到慢慢上翘，股价会自然而然地沿着 14 日均线走出一波行情，直到出现 K 线的单日或者复合见顶形态和 14 日均线再走平到下行。为什么是 14 日均线？而不是其他均线？这就是 14 这个神奇数字的魅力所在，细心的读者可以去电脑中翻翻个股的走势，看看这个 14 日均线在股市的大量个股中存在的普遍性。

但是，由于股价刚刚脱离底部区域，就像一个大病初愈的人，您不要期望他一下能够走多远，此时的股价在上行过程中，上面的 57 日均线、89 日均线、144 日均线、233 日均线都是股价运行的压力位，股价运行到上述均线处时，我们要根据股价的 K 线形态做出相应的减仓或者清仓的动作。

"万丈高楼平地起"的形态在个股里比比皆是，它的形成过程比较缓慢，走势也不很猛烈，很少有连拉涨停板一步到位的行情，这个形态不难寻找，找到以后介入时间也比较宽松，买入和卖出相对都比较从容，而且只要形态规范、位置合适、大盘配合，很少有失败的。

案例 1：合锻智能（603011）

股价经过几个月的横盘整理，14 日均线慢慢走平，向其他几个均线靠拢，说明市场成本已经趋于一致，看来离拉升不远了。但是就在大家都意见一致地认为要拉升的时候，主力却又挖了一个散户坑，来清洗一些意志不坚定的筹码。2020 年 2 月 17 日，股价由 14 日下自下而上穿越 14 日均线"万丈高楼平地起"的技术形态形成，然后开始了一段急拉（见图 2-1）。

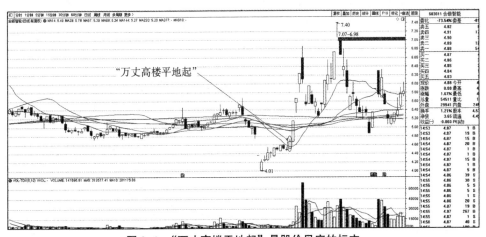

图 2-1 "万丈高楼平地起"是股价见底的标志

案例 2：紫金矿业（601899）

股价经过一段时间的单边下跌调整，14 日均线慢慢不再下跌，继而走平。2019 年 10 月 28 日，股价由 14 日下自下而上穿越 14 日均线"万丈高楼平地起"的技术形态形成，然后开始了一段拉升（见图 2-2）。

图 2-2 "万丈高楼平地起"是一波行情的开始

案例 3：富奥股份（000030）

2020 年 2 月 17 日，该股的 14 日下自下而上穿越 14 日均线"万丈高楼平地起"的技术形态形成，然后开始了一段拉升（见图 2-3）。

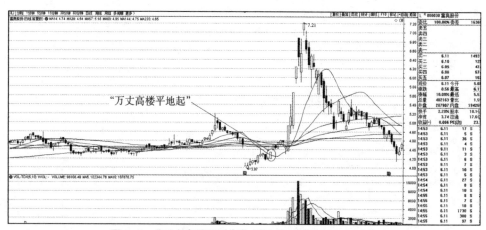

图 2-3 "万丈高楼平地起"是阶段性的底部已经确立

案例 4：远大智能（002689）

2020 年 2 月 17 日，该股的 14 日下自下而上穿越 14 日均线"万丈高楼平地起"的技术形态形成，接下来在大家都认为股价要涨的时候，股价又像灌了铅一样挪不动步了，又横盘整理了一周，又来了两根阴线，把股价打的跌破 14 日均线，在大多数人对这个"万丈高楼平地起"的形态持怀疑态度或者失去耐心的时候，股价怒发冲冠，连拉 6 个涨停板（见图 2-4）。

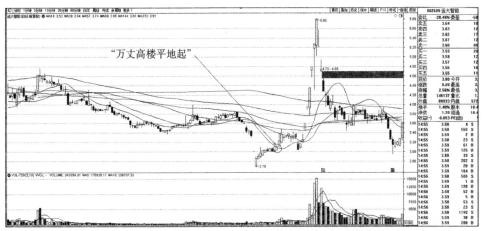

图 2-4 "万丈高楼平地起"的形态成功率高、失败的很少

案例 5：ST 凯瑞（002072）

2019 年 12 月 2 日，该股的 14 日自下而上穿越 14 日均线"万丈高楼平地起"的技术形态形成，股价开启了一波单边逼空上涨行情（见图 2-5）。

图 2-5 "万丈高楼平地起"出现在股价的相对底部

这个"万丈高楼平地起"的技术形态在大盘经过一波下跌后，会有大批涌现出来，只要认真复盘，再从这些形态里面挑选一些比较完美的个股去做，就会有所收获。

如果股价"万丈高楼平地起"，那可真是"千载机会今日逢"，就让我们"一曲佳音自天来，千里长路躬身行"吧！

投资哲理小故事

小镇的一天

这是炎热小镇慵懒的一天。太阳高挂，街道无人，每个人都债台高筑，靠信用度日。

这时，从外地来了一位有钱的旅客，他进了一家旅馆，拿出一张1000元钞票放在柜台，说想先看看房间，挑一间合适的过夜。就在此人上楼的时候，店主抓了这张1000元钞票，跑到隔壁屠户那里支付了他欠的肉钱。

屠夫有了1000元，横过马路付清了猪农的猪本钱。

猪农拿了1000元，出去付了他欠的饲料钱。

那个卖饲料的老兄，拿到1000元赶忙去付清他召妓的钱（经济不景气，当地的服务业也不得不提供信用服务）。

有了1000元，这名妓女冲到旅馆付了她所欠的房钱。

旅馆店主忙把这1000元放到柜台上，以免旅客下楼时起疑。

此时那人正下楼来，拿起1000元，声称没一间满意的，他把钱收进口袋，走了……

这一天，没有人生产了什么东西，也没有人得到什么东西，可全镇的债务都清了，大家很开心……

投资感悟

这个故事告诉我们，现金是要流通才能产生价值！

有人做了很多年股票，也不知道股票究竟是什么。股票诞生于17世纪初荷兰和英国成立的海外贸易公司。这些公司通过募集资本发行股票的目的就是筹钱，更好地发展公司。

理想情况下，股票价格=每股净资产=公司总资产中扣除负债所余下的那部分/总股数。在股票发行时，这就像卖商品一样，若票面价值太高，则对投资者不利；若票面价值太低，则公司筹到的钱又太少，发行价格一般由市场供求关系决定。

股票的赚钱方式有两种：

做多。低买高卖，赚取差价。中国股市主要采用此方式。

做空。借来股票，高价卖出，在低买入，还给对方，并付给一定的费用，赚取差价。分红送股等只能让股东收回成本，并不能多赚钱，最终的赚钱还是要靠股价的涨跌。

生命在于运动，股价贵在波动，炒股贵在做差价！

投资哲理小幽默

一位农村大妈误加入一个博士群里。群里恰好有人问："一滴珍珠般大小水滴从几十层甚至上百层高的地方自由落体下来，砸到人身上，人会不会被砸伤？或被砸死？"一时间，群里炸开了锅，博士们各抒己见，各展所长，各种公式，各种假设，各种阻力、重力，加速度地计算，足足讨论了近一个小时。这时，大妈突然来了句："难道你们都没有淋过雨吗？"群里死一般的寂静，然后大妈就被踢出群了！

投资感悟

我不敢说做股票有多简单，但是也不认为很复杂，不像有人说的这指标那方程式般的神乎其神、玄之又玄，让投资者既听不懂也无从下手。"万丈高楼平地起"的技术形态，表面上看去就很简单，也很好认。只要理解了股市的运行规律和主力资金的吸货手法，认识、理解、掌握"万丈高楼平地起"的技术形态，做点利润出来不是难事。

入市之初，我们是否也把股市做个分析呢？

首先，股市是做什么的？国家开设股市的目的是什么？股市里的人群可以怎么分？股市的功能大家都知道——融资！当然，不是给个人融资，是给上市公司融资。国家开设股市的目的就是为企业融资。股市里的人群说复杂也是相当的复杂，因为股市门槛低，有钱人、普通百姓、商界名流、基金公司……只要看看证券公司的开户要求就知道股市里面什么人都有。我们要学会把复杂的问题简单化，把这几个问题弄清楚之后，思路就理清楚了，自己在股市的位置也就摆正了，接下来的事情就好办得多。

其次，怎么做才是关键。我们不是闹革命，要团结这个打倒那个，我们的目的很清楚——不为名不为革命不为别的就为利，说起来俗，听起来实在，做起来目标清楚、具体。

在分析完股市的基础上，一定还要正确认识自己，悟透自己。既要知道自己的优势，也要知道自己的不足。人一旦有了自知之明，也就没有什么克服不了的困难，没有什么过不去的难关。只有真正认识自己、悟透自己、欣赏自己，认识到自己在股市中的地位是微不足道的，股市不是为我们哪一个人设计的，才能找到正确的人生航向，找到正确的投资方向、投资方法，从而撷取到生命的真谛。悟透了自己，才能把握住自己，生活才会有滋有味。

有很多投资者入市很多年，不但没有弄明白股市里的人员组成，而且自己的位置也不清楚，这很危险。

下面这 19 道简单数学题，做投资的您看看搞明白没有。

1. 收益率

假如您有 100 万元，收益 100% 后资产达到 200 万元，如果接下来亏损 50%，现在您的资产是多少呢？答案还是 100 万元。显然亏损 50% 比赚取 100% 要容易得多，不是吗？

2. 涨跌停

假如您有 100 万元，第一天涨停板后资产达到 110 万元，然后第二天跌停，则资产剩余 99 万元；那么如果第一天跌停，第二天涨停，现在您的资产是多少呢？答案还是 99 万元。跌停的时候千万不要灰心哦！

3. 波动性

假如您有 100 万元，第一年赚 40%，第二年亏 20%，第三年赚 40%，第四年亏 20%，第五年赚 40%，第六年亏 20%，现在您的资产是多少呢？答案是140.5 万元。六年年化收益率仅为 5.83%，甚至低于五年期凭证式国债票面利率。

4. 每天 1%

假如您有 100 万元，每天不需要涨停板，只需要挣 1% 就离场，那么以每年 250 个交易日计算，一年下来您的资产有多少呢？两年呢？答案是一年您的资产可以达到 1203.2 万元，两年后您就可以坐拥 1.45 亿元。

5. 10 年 10 倍

假如您有 100 万元，希望十年后达到 1000 万元，二十年达到 1 亿元，三十年达到 10 亿元，那么您需要做到年化收益率为多少呢？答案是您需要做到年化收益率 25.89%。

6. 补仓

如果您在某只股票 10 元的时候买入 1 万元，如今跌到 5 元再买 1 万元，持有成本可以降到多少元？答案是持有成本可以降到 6.67 元，而不是您想象中的 7.50 元。

7. 持有成本

如果您有 100 万元，投资某股票盈利 10%，当您做卖出决定的时候可以试着留下 10 万元市值的股票，那么您的持有成本将降为零，接下来您就可以毫无压力地长期持有了。如果您极度看好公司的发展，也可以留下 20 万元市值的股票，您会发现您的盈利从 10% 提升到了 100%，不要得意因为此时股票如果下跌超过了 50%，您还是有可能亏损。

8. 资产组合

有无风险资产 A（每年 5%）和风险资产 B（每年 –20%~40%），如果您有 100 万元，您可以投资 80 万元无风险资产 A 和 20 万元风险资产 B，那么您全年最差的收益可能就是零，而最佳收益可能是 12%，这就是应用于保本基金 CPPI 技术的雏形。

9. 赌场盈利

分析了澳门赌客 1000 个数据，发现胜负的概率为 53% 与 47%，其中赢钱离场的人平均赢利 34%，而输钱离场的人平均亏损 72%，赌场并不需要做局赢利，保证公平依靠人性的弱点就可以持续赢利。股市亦是如此。

10. 货币的未来

如果您给子孙存入银行 1 万元，年息 5%，那么 200 年后将滚为 131.5 万元，如果国家的货币发行增速保持在 10% 以上（现在中国广义货币 M2 余额 107 万亿元，年增速 14%），100 年后中国货币总量将突破 1474525 万亿元，以 20 亿人口计算，人均存款将突破 7.37 亿元（不含房地产、证券、收藏品及各类资产）。如果按此发行速度货币体系的崩盘只是时间问题，不只是中国乃至全世界都面临货币体系的重建。货币发行增速将逐步下移直至低于 2%，每年 20% 的收益率，到那时候中国人才会意识到真不容易。

11. 投资成功的概率

如果您投资成功的概率是 60%，那么意味着您连续投资 100 次，其中 60 次盈利，40 次亏损。如果您把止盈和止损都设置为 10% 和 -10%，那么意味着最终的收益率是 350%（$1.1^{60} \times 0.9^{40} = 4.50$）。是的，小伙伴，已经亮瞎您的眼了吧，3.5 倍的收益率！而接下来您需要思考的是您怎么能保证您的胜率是 60% 呢？不要想当然，这个成功率对于多数人来说也是几乎不可能达到的。

12. 止盈止损

假设我们每次止盈是 10%，每次止损是 -5%，那么连续投资 100 次，假设胜负概率是 50%，那么意味着您最终的收益率是 903.26%（$1.1^{50} \times 0.95^{50} = 9.0326$）。是的，您没有看错，收益率是 903.26%。首先是您可以坚决地止损和止盈，其次您能保证 50% 的概率到达更多的止盈机会。

13. 正态分布

这个世界上很多事物都呈现正态分布，比如天才和"蠢蛋"的比例很少，多数为庸庸碌碌的大众，再如社会财富的分配，富人和穷人也呈现正态分布，人类的身高、体重等太多的事物都呈现正态分布。无论牛熊市，所有股票的涨跌幅和大盘相比也会呈现正态分布，能超越指数上涨的股票最终只是少数。当您想取得超额的时候，一定是您某项因素或是某项能力也同样达到了正态分布的那偏正的极小区域。如果您没有这样能力，该怎么办呢？当然了，命好是投资的核心竞争力，但不要忘记，命运好坏也会是正态分布的。

14. 马太效应

土豪账户 1 亿元本金，"屌丝"账户 10 万元本金，土豪一年收益 10%，"屌丝"一年收益率 100%。年底时土豪账户 1.1 亿元，"屌丝"账户 20 万元，双方差距又拉大了 990 万元。当您的本金和别人不是一个数量级时，您很可能并不知道对方是怎么想的。

15. 鸡兔同笼

问鸡和兔子 18 只，一共 46 条腿，问鸡多少只？兔子多少只？常规的思考方式是鸡为 X，然后兔子是 18-X，再设一元方程求解。然而超凡的思维是让所有鸡和兔子都抬起两条腿，这样一共抬起 $18 \times 2 = 36$ 条腿，还剩下 10 条腿都是兔子的，因此兔子是 5 只，鸡有 13 只。所以您要相信在同样的股价数据面前，有些人和您的思考方式是完全不一样的。

16. 稳健投资

投资者 A 和 B，A 取得连续两年收益为第一年 10%、第二年 50%，B 保持了两年每年 30% 的收益率，问两年后谁的收益率高。结果是 B 两年 69% 的收益率高于 A 两年 65%，高出了 4 个百分点，很简单的一道题只为告诉大家稳健投资不等于低收益，而是为了保证最终获得更高收益率的确定性更强。

17. 交易频率

按照佣金万分之五，印花税千分之一计算，一年 10 倍的换手率，意味着交易成本是 $(0.05\% \times 2 + 0.1\%) \times 10 = 2\%$。当对于每周就要大换仓的小伙伴们，一年的交易成本已经超过了 10%，您还没有借到杠杆资金，却付出了比杠杆资金更高的资金成本。除非您有强大的获利本领，否则降低您的交易频率，要不然您会把股市的平均收益都捐给券商和政府。

18. 量化投资

所谓量化投资就是建模型、导数据、控制风险、自动交易。更恰当的比喻是找对象这件事情，我们自己做的多数是定性投资，包括两个流派：基本面分析和技术分析。前者参考教育、收入、家庭、性格诸多因素，然后挖掘白马大蓝筹，长期持有一辈子；后者如今越来越流行，因为这就是个看脸和 "feel" 的年代而父母在这件事情往往是坚定不移的 "量化投资者"，他们限定了本地户口、经济宽绰、父母健康、人品良好、有住房（大于 100 平方米无贷款）、离婚丧偶直接OUT 等一系列指标，然后赋予不同的权重，当满足条件的时候便会积极地要求执行交易。至于那种方式能够幸福？见仁见智吧！唯一的区别是量化可以高频交易，但结婚这件事最好就一次。

19. 做空

如果您有 100 万元，融券做空某股票，那么您最大收益率可能是 100%，前提是您做空的股票跌没了，而做多的收益率是没有上限的，因此不要永久地做空，除非您不相信人类社会会向前进步。

股市谚语： 股市是个有钱的人能在这里获得很多经验，而有经验的人能在这里获得很多钱的地方。

二、势如破竹

"势如破竹" 意指形势就像劈竹子一样，头上几节破开以后，下面各节顺着刀势就分开了。比喻作战或工作节节胜利,毫无阻碍。其出自《晋书·杜预传》:"今兵威已振,譬如破竹,数节之后,皆迎刃而解。"股价向上行进途中,缩量整理几天后,股价自下而上穿越14日均线,我们把这根自下而上穿越14日均线的K线称为"势如破竹"。

三国末年,晋武帝司马炎灭掉蜀国,夺取魏国政权以后,准备出兵攻打东吴,实现统一全中国的愿望。他召集文武大臣们商量大计。多数人认为,吴国还有一定实力,一举消灭它恐怕不易,不如有了足够的准备再说。大将杜预不同意多数人的看法,写了一道奏章给晋武帝。杜预认为,必须趁目前吴国衰弱,赶快灭掉它,不然等它有了实力就很难打败它了。司马炎看了杜预的奏章,找自己最信任的大臣张华征求意见。张华很同意杜预的分析,也劝司马炎快快攻打吴国,以免留下后患。于是司马炎就下了决心,任命杜预为征南大将军。公元279年,晋武帝司马炎调动了二十多万兵马,分成六路水陆并进,攻打吴国,一路战鼓齐鸣,战旗飘扬,战士威武雄壮。第二年就攻占了江陵,斩了吴国一员大将,率领军队乘胜追击。在沅江、湘江以南的吴军听到风声吓破了胆,纷纷打开城门投降。司马炎下令让杜预从小路向吴国国都建业进发。此时,有人担心长江水势暴涨,不如暂收兵等到冬天进攻更有利。杜预坚决反对退兵,他说:"现在趁士气高涨,斗志正旺,取得一个又一个胜利,势如破竹(像用快刀劈竹子一样,劈过几节后竹子就迎刃破裂),一举攻击吴国不会再费多大力气了!"晋朝大军在杜预率领下,直冲向吴都建业,不久就攻占建业灭了吴国。晋武帝统一了全国。

请注意"势如破竹"和"万丈高楼平地起"的区别,前者是出现在股价的上涨途中,经过调整以后股价又重新站上14日均线,而"万丈高楼平地起"是出现在股价的相对底部,是股价见底的明显特征。"势如破竹"是一张勇于冲破枷锁、积极上进的股市脸谱。

案例1:太极实业(600667)

该股在这一大段上涨中,第一个起涨点就是在12月25日的"势如破竹",第二个起涨点是2020年2月6日的"势如破竹"。该股在很短的时间内反复出现"势如破竹",说明该股的调整幅度很是有限的,一旦跌破14日均线,马上就会被主力拉上来，主力一方面有可能是不想破坏上涨趋势，另一方面也可能是惜售，不想过分打压，害怕打压出去的筹码收不回来，所以实战中就会形成"势如破竹"。

在笔者十几年股市生涯中，实战价值最高、出现频率最高、成功率最高和笔者本人最喜欢的买点就是这个"势如破竹"，安全、速度短、见效快。

在股市里的什么地方是发生"势如破竹"的好地方呢？当然是均线多头排列的股票。这样的股票在经过漫长的下跌和整理以后，出现了"万丈高楼平地起""战斗打响"等形态以后，股价并没有长驱直入，而是慢慢地围绕着 14 日均线跳起了恰恰，而且经过这一小波拉升后，均线系统由空慢慢转多，这个时候就是股价彻底翻转的时候，虽然上涨的过程中会有横盘或者调整，但它的主旋律是上行的。然而每次的股价向下调整到 14 日均线以后，又上来形成"势如破竹"的时候，就是每一波上攻的临界点（见图 2-6）。

图 2-6　"势如破竹"是股价上涨的临界点

案例 2：奥翔药业（603229）

2020 年 5 月 11 日，该股的一根小阳线从 14 日均线下面钻了上来，形成一根"势如破竹"的技术形态，接下来的涨势就如劈竹子一样，头上几节破开以后，下面各节顺着刀势就分开了，毫无阻碍。21 个交易日就把股价拉到58.08 元的最高处，涨幅为 92.39%（见图 2-7）。

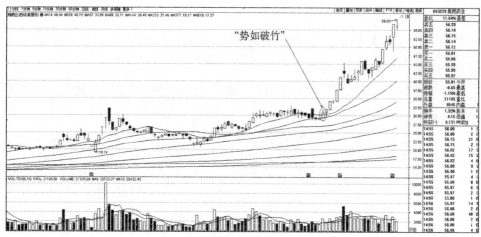

图2-7 "势如破竹"是一个攻击买点

案例3：风华高科（000636）

2019年12月30日，该股的一根小阳线像春笋一样从14日均线下面破土而出，形成一根"势如破竹"的技术形态。

第二天，股价躲在"势如破竹"的K线里，收了一根缩量小阴线，这根小阴线就像一个特务一样警觉地躲在阴暗处悄悄地观察跟风盘情况。

2020年1月2日，股价得到小阴线特务汇报的情况应该是可以拉升了，股价放量过前期高点，然后开启了一波势如破竹、节节胜利的行情（见图2-8）。

图2-8 "势如破竹"的买点不显山不露水

案例 4：北斗星通（002151）

该股在股价带着 14 日均线攻上 610 日均线以后股价走势已经形成"天女散花"的技术走势，但是股价并没有开始拉升而是开始洗盘、挖坑。2020 年 4 月 29 日，该股的一根小阳线从 14 日均线下面钻了上来，形成一根"势如破竹"的技术形态，接下来沿着 14 日均线单边上涨（见图 2-9）。

图 2-9　"势如破竹"的买点涨势快、涨幅大

案例 5：南大光电（300346）

2020 年 5 月 25 日，该股的走势形成一根"势如破竹"的技术形态，接下来涨势如虹（见图 2-10）。

图 2-10　"势如破竹"是最佳买点

投资哲理小故事

水上"飘"

有一个博士被分配到一家研究所，成为这个研究所里学历最高的人。有一天他到单位后面的小池塘去钓鱼，正好正副所长在他的一左一右，也在钓鱼。他只是微微点了点头，这两个本科生，有啥好聊的呢？

不一会儿，正所长放下钓竿，伸伸懒腰，噌噌噌从水面上如飞地飘到对面上厕所。博士眼睛睁得都快掉下来了。水上"飘"？不会吧？这可是一个池塘啊！正所长上完厕所回来的时候，同样也是噌噌噌地从水上"飘"回来的。怎么回事？博士不好意思去问，自己是博士哪！

过了一阵，副所长也站起来，走几步，噌噌噌地飘过水面去上厕所。这下子博士更是差点昏倒：不会吧，难道到了一个江湖高手云集的地方？

博士也内急了。这个池塘两边有围墙，要到对面厕所非得绕十分钟的路，而回单位上又太远，怎么办？博士也不愿意去问两位所长，憋了半天后，也起身往水里跨：我就不信本科生能过的水面，我博士不能过。

只听咚的一声，博士栽到了水里。两位所长将他拉了出来，问他为什么要下水，他问："为什么您们可以走过去呢？"

两位所长相视一笑："这池塘里有两排木桩子，由于这两天下雨涨水正好在水面下。我们都知道这木桩的位置，所以可以踩着桩子过去。您怎么不问一声呢？"

投资感悟

各位投资者，看过这一章节，读完这个小故事，您也能找到股海里的暗桩（庄），在股海里玩"水上漂"。但是您要用心，不要不懂不问。

这个"势如破竹"就像股海里的暗桩（庄），因为它太不显眼了。太平常的一根 K 线，一般人都是看不见的，也有的是视而不见。但是，您只要找到您的股海暗桩（庄），买入后，就像玩"水上漂"一样，等别人赞叹您的时候，您也可以笑而不答，或者轻描淡写地说是运气。

投资哲理小幽默

从前，村子里有一个人，媒婆给他介绍了个媳妇。他到女方家去见面，中午在女方家吃饭，女方家做的是饺子。吃饭时，他一口一个而且吃得急，饺子很烫，把他烫得龇牙咧嘴的很不雅观。于是，挨着他坐的媒婆就悄悄地碰了碰他，在桌子底下用手指比了个剪刀手，意思是让他两口吃一个，慢慢吃，要注意形象，但他没有明白。

回去的路上，他气呼呼地说："我一口吃一个都烫得不行，你竟然让我一口吃两个。"

投资感悟

"势如破竹"的形态在实战中的价值极高，否则笔者也不会举这么多的例子来说明这个形态，希望投资者能够理解笔者的良苦用心，但是到底实战价值有多大，只有投资者自己去体会，不能光凭笔者说，有一句话说得好，"对于不识货的人来说，你即使给他一只金碗，他也只会用来讨饭而已！"就像上面笑话里的人，你给他比个剪刀手，让他两口吃一个，他却以为你让他一口吃两个；股市里，股价"势如破竹"了，本来让您买进，您却非要卖出。

"势如破竹"的形态在实战中是个时间短、涨幅大、风险小、见效快的好点位。时间短是因为这个点位切入，一般都是当天就涨，当天不涨的第二天大多都会涨，最不济的也不会超过三天。涨幅大，是因为一般当天涨停的居多，也有第二天涨停的，而且有很多是连拉涨停板。风险小的意思是指按照这个点位买入的股票，只要有效跌破14日均线，就止损。因为是向上突破14日均线买入的，如果止损的话，第二天有效跌破14日均线，这个时候14日均线还是向上的，比头天的数值还要高些，止损的话基本是没有损失的。所以说风险小。

马云曾经说过，"很多人输就输在，对于新兴事物，第一看不见，第二看不起，第三看不懂，第四来不及。"

如果投资者多用心体会，多找些案例研究，熟悉掌握这个形态，就会在实战中多多收益。这个形态在沪深两市中有很多，可以信手拈来。

股市谚语：该跌的不跌，理应看涨；该涨的不涨，坚决看跌。

三、连闯两关

股价在上升途中，一波拉升后又经过短暂的调整，某一天一根阳线穿越两根均线（股价经过调整后从下而上穿越 14 日均线、28 日均线）时，我们把这根穿越两根均线的大阳线称作"连闯两关"。比喻股价攻击有力，暗示股价经过调整以后又要重新发起攻击。这是一张大刀阔斧、勇往直前的股市脸谱。

案例 1：春秋电子（603890）

2020 年 5 月 20 日，该股的一根中阳线从 28 日均线和 14 日均线下面穿了上来，形成一根"连闯两关"的技术形态，接下来就大刀阔斧、毫无阻碍地往前冲（见图 2-11）。

图 2-11 "连闯两关"是一个攻击性买点

案例 2：TCL 科技（000100）

2019 年春节，疫情肆虐，2020 年 2 月 3 日，该股开盘即跌停。

2 月 4 日，一根"连闯两关"的技术形态马上赶来救场，使股价又重新回到上涨的征途（见图 2-12）。

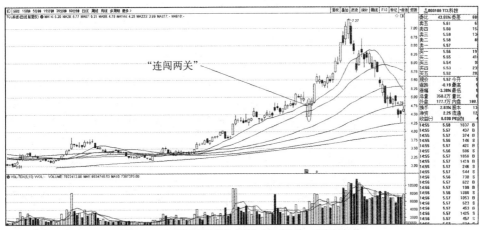

图 2-12 "连闯两关"形态大刀阔斧、勇往直前

案例3：仙琚制药（002332）

该股在"天女散花"阶段的运行过程中，出现两次"连闯两关"的技术形态，每一次的出现都把股价推上一个新的台阶，而且每一次都伴随一大段的涨幅，事实案例说明"连闯两关"的技术形态驱动力不小，很具有攻击性（见图2-13）。

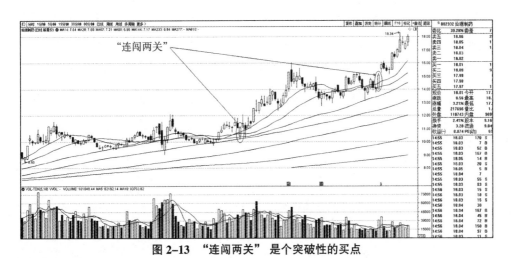

图 2-13 "连闯两关"是个突破性的买点

案例4：鸿路钢构（002541）

2020年5月26日，该股经过一波短暂的调整后，一根"连闯两关"的技术形态如约而至，把股价的上涨推向高潮（见图2-14）。

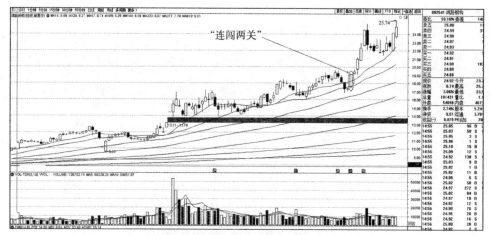

图 2-14　"连闯两关"攻击有力

案例 5：中科创达（300496）

2020 年 1 月 6 日，该股在上涨过程中出现一根阳线穿越 14 日、28 日两根均线的"连闯两关"技术形态，说明一大波的涨幅又要来临了。

从图 2-15 上看，该股均线多头排列完美。这样的股票是经典的"天女散花"。股价只要没有跌破 14 日均线，或者跌破以后又站上 14 日均线的，行情都没有完。不管股价再高，都是处于上涨行情中。虽然上涨的过程中会有横盘或者调整。但它的主旋律是上行的。然而每次的股价向下调整到 14 日均线以后，又上来形成"势如破竹"时，就是每一波上攻的临界点（见图 2-15）。

图 2-15　"连闯两关"是股价上攻的临界点

投资哲理小故事

山上有头驴

山上的寺院里有一头驴，每天都在磨房里辛苦拉磨，天长日久，驴渐渐厌倦了这种平淡的生活。它每天都在寻思，要是能出去见见外面的世界，不用拉磨，那该有多好啊！

不久，机会终于来了，有个僧人带着驴下山去驮东西，它兴奋不已。

来到山下，僧人把东西放在驴背上，然后返回寺院。没想到，路上行人看到驴时，都虔诚地跪在两旁，对它顶礼膜拜。

一开始，驴大惑不解，不知道人们为何要对自己叩头跪拜，慌忙躲闪。可一路上都是如此，驴不禁飘飘然起来，原来人们如此崇拜我。当它再看见有人路过时，就会趾高气扬地停在马路中间，心安理得地接受人们的跪拜。

回到寺院里，驴认为自己身份高贵，死活也不肯拉磨了。

僧人无奈，只好放它下山。

驴刚下山，就远远看见一伙人敲锣打鼓迎面而来，心想，一定是人们前来欢迎我，于是大摇大摆地站在马路中间。那是一支迎亲的队伍，见一头驴拦住了去路，人们愤怒不已，棍棒交加……驴仓皇逃回到寺里，已经奄奄一息，临死前，它愤愤地告诉僧人："原来人心险恶啊，第一次下山时，人们对我顶礼膜拜，可是今天他们竟对我狠下毒手。"

僧人叹息一声："果真是一头蠢驴！那天，人们跪拜的是你背上驮的佛像啊！"

投资感悟

人生最大的不幸，就是一辈子不认识自己。如果您拥有财富，可能别人崇拜的只是您的财富；如果您拥有权力，也许别人崇拜的只是您的权力；如果您拥有的是美貌，也许别人崇拜的只是您暂时拥有的美貌。当财富、权力、美貌过了保质期，您可能就会被抛弃。别人崇拜的只是自己心中的需求，不是您。看清自己非常重要！

在股市里做投资，认清自己很重要，股价上蹿下跳的动力不是您，我们没有能力让股价波动，有能力让股价涨跌的是主力资金，我们一定要弄清楚。不要为偶尔一两次的蒙对上涨就认为自己如何厉害，厉害的只有主力资金，离开主力资金的呵护，股价将是一潭死水。

投资哲理小幽默

老王"十一"出国旅游，让邻居老张帮忙看家，临走前特别交代：家里的藏獒随便逗，但别惹鹦鹉。之后，老张怎么逗藏獒，藏獒都不咬人，心想：藏獒都这样，这鹦鹉也就一破鸟，能把我怎样？遂逗鹦鹉玩。不料，鹦鹉开口说话："藏獒，咬他。"

老张享年 78 岁。

投资感悟

现代社会，最牛的不是自己是多厉害的人，而是能调动"厉害资源"的人。在股市里，谁最厉害，您一定要心里有数哦！

股市谚语：生命在于运动，股价在于波动，炒股贵在做差价。

四、鱼跃龙门

传说黄河鲤鱼跳过龙门（指的是黄河从壶口咆哮而下的晋陕大峡谷最窄处的龙门，今称禹门口），就会变成龙。比喻事业成功或地位高升。鱼跃龙门的神话传说正式见诸文字记载的是汉代辛氏所著《三秦记》："河津一名龙门，禹凿山开门，阔一里馀，黄河自中流下，而岸不通车马。每逢春之际，有黄鲤鱼逆流而上，得过者便化为龙。"唐代元稹有《鱼跃龙门赋》。在股市里，投资者除了基本功过硬，还真的要眼疾手快，速战急归。兵贵胜，不贵久。当股价的 14 日均线即将运行到 57 日均线、89 日均线、144 日均线、233 日均线、377 日均线、610 日均线的时候，本来应该顺理成章地走出"战斗打响""花好月圆""前程似锦""欢喜过年""万马奔腾""飞上蓝天"形态，可是股价并没有这样按部就班地走，而是提前几天就出人意料地跳空高开，所以我们把它命名为"鱼跃龙门"。这样的个股涨势凶猛。在实战中一定要心中有数、稳中有狠、眼疾手快地擒拿。这是一张出人意料、让人目瞪口呆的股市脸谱。

案例1：华菱星马（600375）

2020年4月29日，横盘了一年多的华菱星马，一个鲤鱼打挺从610日均线上一跃而起，股价"鱼跃龙门"了。

第二天，股价收了一根巨量假阴线，这是高位洗盘，投资者都认为又是一日游行情，其实不然。

第三天，股价以气吞山河之势封住涨停，开启了一波波澜壮阔的行情（见图2-16）。

图 2-16　"鱼跃龙门"是股价暴涨的临界点

有一天，一对恋人去野外旅游，晚上，在山顶撑好帐篷，女孩子睡前在床中央画了一条三八线，对男孩子说："您晚上要是敢越过雷池半步，你就是禽兽，我就再也不理你了。"

第二天早上醒来，女孩子发现男孩子真的睡在三八线那边丝毫没有越雷池半步，您猜怎么滴？结果女孩子扇了男孩子一个耳光，男孩子懊恼半天，哭丧着说："我压根就没有过线啊？"

女孩子大骂："你，简直禽兽不如！"

是啊！禽兽都知道过线。您说这小子如禽兽吗？该过线的时候一定要过。对于这种身手敏捷一跃过线的股票，后面肯定有故事发生。我们一定要眼疾手快，迅速跟上。

"鱼跃龙门"是个神话传说故事，股市里的"鱼跃龙门"会让一个盘整多日的股票一举成为神话传说。

案例2：太龙药业（600222）

2020年12月20日，该股从610日均线上一跃而起，股价"鱼跃龙门"了。从形态上看该股和上一个案例有很多神似。这就应了一句话，幸福的家庭都是相似的，不幸福的家庭各有各的不幸。上涨的股都有上涨的形态，下跌的股各有各的跌法（见图2-17）。

图2-17 "鱼跃龙门"的涨法比较夸张

案例3：深康佳（000016）

2020年1月23日，横盘了1~3年的深康佳，一个鲤鱼打挺从610日均线上一跃而起，股价"鱼跃龙门"了。

第二天，股价跌停，这是利用跌停板洗盘，投资者都认为又是一日游行情，其实这是主力的一种操盘手法。

第三天，股价以气吞山河之势封住涨停，开启一字板连拉暴涨行情（见图2-18）。

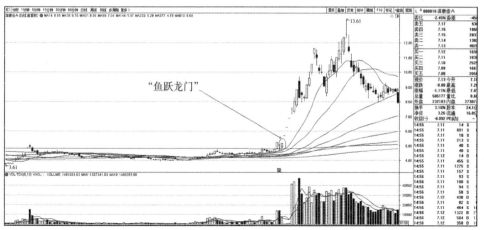

图 2-18 "鱼跃龙门"的买点需要眼疾手快胆大心细

案例 4：大连电池（002606）

2020 年 3 月 5 日，该股从 233 日均线上一跃而起，股价"鱼跃龙门"了。接下来连拉六个涨停板（见图 2-19）。

图 2-19 "鱼跃龙门"大部分会连拉涨停板

案例 5：红日药业（300026）

2020 年 1 月 21 日，该股从 610 日均线上一跃而起，股价"鱼跃龙门"了。但是股价并没有封住涨停板，这说明形态并不是千篇一律、一模一样的，是会有些差别的，但它们内在的市场意义是不会变的。您看第二天，股价习惯性地收了一根巨量假阴线洗盘，这是拉升前所必需的。然后开启竖起来涨的模式（见图

2-20)。

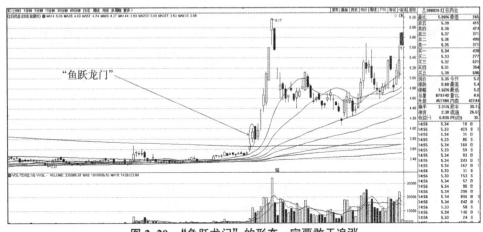

图 2-20 "鱼跃龙门"的形态一定要敢于追涨

"鱼跃龙门"是个能够连续拉涨停板的好点位,在实战中要把握几个要点:找那种长期横盘整理而且时间比较长的,14 日均线距离 57 日均线、89 日均线、144 日均线、377 日均线、610 日均线不远处时,股价突然跳空高开高走的,这个时候要大胆买进,加入主力发动的突击战,分享主力资金酝酿这么久的拉升成果。

在实战中遇到这样的技术形态,您若是犹豫就可能来不及了,先上车!伟人毛主席的工作人员传达毛主席的意见:"毛主席的话句句是真理,一句顶一万句。理解的要执行,不理解的也要执行,在执行中加深理解。"因为这样的技术形态等您理解完,可能根本没有机会进去了,您只能像伟人那样:在执行中加深理解!

沧海横流方显英雄本色,走出"鱼跃龙门"技术形态的个股在很多时候都是板块的龙头股,而真正的龙头股是一定能经受住各种市场波动的考验的,其一定具有众望所归、特立独行、舍我其谁、傲视群雄、逆流而上的内在特质。

投资哲理小故事

叶公好龙

从前有位名叫叶公的人,特别喜欢龙。他屋内的梁、柱、门、窗,都请巧匠雕刻上龙纹,雪白的墙上也请工匠画一条条巨龙,甚至他穿的衣服、盖的被子、挂的蚊帐上也都绣上了活灵活现的金龙。于是，方圆几百里都知道叶公好龙。

天上的真龙听说以后，很受感动，亲自下来探望叶公。巨龙把身子盘在叶公家客堂的柱子上，尾巴拖在方砖地上，头从窗户伸进了叶公的书房。叶公一见真龙，顿时吓得面色苍白，转身逃跑了。

投资感悟

这个故事觉得很好笑，可是在现实生活中，投资者看到连拉涨停板的股票都如叶公好龙那样啧啧称奇，他们都希望能找到这样涨势如虹的股票，最好能找到起涨点，可是真正遇到股票"鱼跃龙门"跳起来涨时，好多人被这种肆无忌惮的上涨吓傻了，吓得目瞪口呆、手足无措、一脸懵，根本想不到去买，您回想一下，哪只股票的上涨不是在我们的眼皮底下大摇大摆地扶摇直上？特别是像这种"鱼跃龙门"技术形态的股票都是大胆地不遮不掩地上涨，我们一般都是等到事后了才说，我当时其实也发现了这个，如何如何的理由没有买，其实不管您有什么理由没有买，都说明一个问题：您的功力还不行，最起码执行力还不够，实战中擒获不了这样的猛牛。

要做到一个成功的股票职业操盘手，就好比一个链条，需要很多环节才行，比如基本技术功力到家、理念正确、有耐心、眼疾手快……缺一环这个链条就不能正常运转。有的人是等着各股票彻底涨完了，分析它的时候，能说出个子丑寅卯来；有的人是在它上涨途中也能看懂，但就是找不到跟进的机会；有的人有幸骑上了这样的"黑马"，可是在股价上涨途中稍微一折腾不是头发晕就是眼发黑地被折腾下马，赚一点点蝇头小利，事后拍大腿遗憾；有的人也能在第一时间发现它，但被它的强势吓住了，下不了手；也有的人等这只股涨完了，还不知道有这回事呢！当然，也有一部分人实在是经不住诱惑，在高位冲了进去，这些人是来埋单的！

这就是股市里面投资人的现状：先知先觉的那部分人吃肉，后知后觉的那部分人埋单，不知不觉的那部分人旁观。

要做好"鱼跃龙门"的猛牛技术形态，有一个盘感问题需要简单聊一聊。

盘感是什么？简单地说，就是对盘面的一种感觉，一种知冷知热的感觉，一般人对盘面是没有什么感觉的，直到大盘和个股已经涨得热火朝天了还不知道；有时候跌停几百只了也感觉不到股市里的那种天寒地冻，这就是没有盘感。盘感好的操盘手，对盘面冷热的感觉是极其敏感的。

盘感其实就是您对当前市场运行情况的直观感觉。感觉跌不动了就买，买入后感觉涨不动了以后就卖掉。就像开车一样，遇到障碍就会下意识地躲避，该转弯就会打方向盘，根本不用思考。新入门的投资者在一开始的时候，都会虔诚地分析基本面和技术面，过了一段时间，一部分有心人就会有意识地放弃所学招式转而潜心修炼自己的方法，慢慢地就找到了感觉，这就是盘感。

下棋有棋感，学语言有语感，开车有车感，其实就是各行各业"下意识"操控专业技术的一种感觉。盘感是在投资交易领域里经常被提到的一种专业直觉，是指投资者对盘面上多空力量的直观认识，以及对当下形势的直接判断能力，有别于平常所说的市场感觉、第六感、下意识等。在交易过程中，盘感良好者不必经过严密的逻辑过程就能得出较为可靠的结论，所以常常能够迅速地捕捉到市场波动，不仅领先于许多人，也领先于各种技术指标。

盘感就是一种说不清道不明的直觉和习惯，我们不必去深究它的定义。如果要说得稍复杂一些，盘感就是大脑瞬间处理一系列复杂微妙信息并得出相对可靠结论的能力。盘感介于感觉与领悟之间，它同时具有两种特殊功用：一是敏锐感知外部特征；二是直接领悟内在本质并迅即迸发出灵感。盘感在一定程度上也是对模糊图形组合和数据流的识别和预判能力，虽然许多有经验的普通投资者也能做一些有价值的判断，但比起职业操盘手，他们似乎总是慢半拍。

盘感就是对投资理论和实操经验内化之后，在面对市场时所产生的下意识的、有较高准确率的反应。这种反应能力不可能从天而降，它在很大程度上取决于您先天是否敏锐、是否善于观察，以及后天是否喜欢留意细节，是否刻意修炼。如果您先天对数据不敏感，您先天反应比别人慢半拍，后天又没有补拙的良方，即使劳了多少筋骨，苦了多少心智，良好的盘感也不会因此而产生。

例如，中医的"望闻问切"是很难用指标描述的，但有经验的老中医心里一定有数，我们都知道，这个有数是从哪里来的。又如学习英语，语感很重要，语感是说不清楚的，但又客观存在类似盘感的东西，如果您先天右脑不发达，表达能力欠佳，后天就难以产生良好的语感，即使莎士比亚再世，可能也会感慨"有教无类"只能是圣人的理想。盘感的产生，除了天资和心性以外，还需要像学武功一样，先练练套路。最重要的基本功是复盘，日复一日、年复一年的复盘，盘感自然产生。

盘感是实盘交易之魂，它是一种超感，是自然的积淀和喷发。盘感是不能被设计、被模拟的，所以电脑程序就无法拥有盘感。在交易中，盘感就是对盘面当下形势发展的一种直觉，是操盘手从亲身体验中积累升华出来的、从不完备信息中直接感知结论的能力。盘感只能在交易实践中培养出来，而无法从别人那里学习得到，但它却不是非理性的，它本质上是长期持续不断的经验积累所产生的条件反射。

当然，对于中长线，或者对于做趋势而言，没必要过分强调盘感，因为对于中长线而言，您有足够的时间思考，有足够的信息收集，您可以利用科学逻辑的方法来推延。但是对于短线而言，特别是日内短线，您根本来不及思考，行情就转瞬即逝，所以此时您需要有较高的盘感。职业操盘手常常会有大盘尽在掌控之中的自信，他们在临近市场变化的关键时刻，基本上都会有强烈的感觉和预期，这些看似无端猜测，其实准确率很高。盘感很神秘，是一种只可意会不可言传的微妙感觉，是经历了渐修之后的一种顿悟？也不是很贴切，是经历了具备技术分析的能力和多年的浸淫的历练之后，才可能泛化出刹那的灵光一现？好像也不太是。盘感其实就是您对当前市场运行情况的直观感觉。

股票最迷人的地方是什么？就是它的不确定性。做股票最高的境界，就是一种盘感。对盘面的超前感觉。当遇到某一个您学过的技术分析图形，您能感觉到主力做的这个图形是要顺着您所学的技术分析操作还是逆向操作，能感觉到盘面后面主力的思路和动向。

蚂蚱问蜈蚣："你那么多腿，走路先迈哪一条腿？"蜈蚣答："要是考虑先迈哪条腿，我就走不了路了。"

盘感就像蜈蚣走路一般的自然反应，不必思考，驾轻就熟。出现买点，立马就买进，出现卖点就卖出。

我们都知道股市是许多人向往的地方，而且股市里什么时候都会有一些传奇人物被大家称为股神。许多人也会非常专注技术分析的学习。可是，我想说的是，要想获得真正的成功，光经历每天十几个小时炼狱般的学习和实盘磨炼仍然是远远不够的，您还必须培养一种敏锐的盘感。然而这种盘感，就像佛教一些高僧坐化的舍利子一样，异常珍贵。

说到盘感，有一个重要的先决条件——"静"。"一万年太久，只争朝夕。"不论是做事业，还是做股票，这种急匆匆甚至乱哄哄的心态，一直在左右我们，但真正的顿悟、真正的突破，往往是在我们能够定下神思考、能够静下心倾听时实现的。就如下面这个小故事里的小孩，拥抱财富很简单，静下来，让我们静下心来听听草垛的声音，感受一下"静"的力量。

一位农场主在巡视谷仓时，不小心将一块名贵的手表遗失在谷仓里。他在农场的孩子中悬赏，谁能找到手表，将得到50美元的奖赏。

小孩们在重赏之下，无不卖力地四处翻找，怎奈谷仓内净是成堆的谷粒以及散置的大捆稻草，要在这当中寻找一只小小的手表，实在很难。

小孩们忙到太阳下山仍一无所获，一个个都回家吃饭了。只有一个最瘦削的小孩，在众人离开后，仍不死心地努力寻找。

谷仓中慢慢变得漆黑，小孩虽然害怕，但依然执着地摸索着，突然他发现：杂乱的人声静下来后，有一个奇特的声音，那声音"滴答滴答"不停地响着，循着这声音，孩子终于发现了那块名贵的手表。

为了感受"静"的强大，我再和朋友们分享一首小诗：

当您静下心来的时候

整个宇宙将归您所有

您会听见下雪的声音

听见树叶的低语和夜的叹息

您会触摸到无形之相

以您神奇的觉知

去感受世界

当您静下心来的时候

落日才会停得更久

您经常走的路

会突然间笼罩金色

您会发现生活是如此的美好

每天视而不见的水杯也变得神圣

您会以包容的心去爱一切生命

当您静下心来的时候

河水流淌得更加缓慢

原野中的雏菊开得更加茂盛

窗外的雨声就像天人的细语

草尖上的露珠

从早晨直到黄昏

还依旧晶莹剔透

当您静下心来的时候

时间已然停止

您生活在自己的世界里

您会发现整个宇宙的奥妙

不邀明月，明月自上心头

不引清风，清风缓缓吹过

当您静下心来的时候

您可以安住在宇宙的任何一处

一处庭院，一间陋室，一杯淡茶

您会以淡泊的心全然享受生活

您不用去寻找伴侣

您就是自己最好的朋友

您会喜欢独处

您会享受寂静

当您静下心来的时候

您的脚步是如此轻盈

就像蒲公英在空中飞舞

生活变得如此美好

您会发自内心地感恩所有
您会变得安详、自在
心中再无一丝的挂碍

当您静下心来的时候
抚一曲心琴
听着天籁之音
对面的花在不知不觉中
已经绽然开放
一切是如此的美妙

当您静下心来的时候
心中的慈悲和智慧油然而生
您的爱就像饱满的稻穗
使您只想给予、分享
您的喜悦
就像无尽的光明
遍满虚空

当您静下心来的时候
宁静是您最美的享受
寂寞是您最好的朋友
四季也变得模糊

时间失去边界
您可以在时空中随意漫步
天地与您同体
万物与您同生

当您静下心来的时候

亲爱的朋友

您会知道

您未曾生　也不会死

您就是宇宙

那一切的源头

……

做任何事情，我们都要把心彻底地静下来，我最惬意的事情就是：一杯茶、一只股、一首若有若无的经典老歌，静静地坐着，在寂静中感受股市里千军万马的奔腾。

本书中也会带有这种"静"的意境，所讲的这些方法，很浅显易懂，特别大众化，很普遍，在图表上也随处可见。因为是笔者发现后总结得出的规律，所以才具有一定的可操作性。

但是，大道至简，笔者真心不希望您因为觉得图表的简单和形态的四处可见而忽视了内容的深沉、厚重，其实好多深层次的东西都是要在夜深人静的时候，自己打开电脑的 K 线图，对照着去品味的，因为书的篇幅毕竟有限，图也是截图，打印不了股票的全部走势。写这本书不是让您在人声鼎沸的闹腾中去娱乐，也不是让您在闹吵吵的散户大厅您一言我一语地体现集体智慧。"三个臭皮匠赛过诸葛亮"的集思广益在股市里面很多时候是体现不了的，在股市里的"三个臭皮匠"最多只能是臭味都一样、亏损都一样，不一样的是资金多的亏得多，资金少的亏得少而已！

笔者写的这些，认为讲究一个投缘，而且好多心法上的东西，用语言很多时候是表达不清楚的。有缘者，无须多言自然能懂；不投缘者，还会有很多别的机缘，或许别的方法更适合您，每个人都会有属于自己的那片天空。股市如人生，大路、小路、舟船车马随便您选择，但是您若担心大路有沟坎？小路有荆棘，车马会脱缰？舟船会抛锚？我只能说：一切皆有可能。

因为，这就是股市，也是生活。

投资哲理小故事

有一个巨商，为躲避动荡，把所有的家财置换成金银票，特制了一把油纸伞，将金银票小心地藏进伞柄之内，然后把自己装扮成普通百姓，带上雨伞准备归隐乡野老家。不料途中出了意外，只因他劳累之余在凉亭打了一个盹，醒来之后雨伞竟然不见了！

巨商毕竟经商数年，面对突如其来的变故，他很快冷静下来，仔细观察后他发现随身携带的包裹完好无损，断定拿雨伞之人应该不是职业盗贼，十有八九是过路人顺手牵羊拿走了雨伞，此人应该就居住在附近。

巨商决定就在此地住下来，他购置了修伞工具，干起了修伞的营生，静静等待。

春去秋来，一晃两年过去了，他也没有等来自己的雨伞。巨商沉下心来，仔细思量，他发现有些人当雨伞坏得不值得一修的时候，会选择重新购买新的雨伞。

于是巨商打出"旧伞换新伞"的招牌，而且换伞不加钱。一时间前来换伞的人络绎不绝。

不久，有一个中年人夹着一把破旧的油纸伞匆匆赶来，巨商接过一看，正是自己魂牵梦绕的那把雨伞，伞柄处完好无损，巨商不动声色给那人换了一把新伞。

那人离去之后，巨商转身进门，收拾家当，从此消失得无影无踪。

"静"出智慧。

富商的无言等待，是"静"之后的智慧。在突如其来的事件面前，巨商能够沉着应对，从而"化险为夷"。

对人生而言，学会"静"是一笔宝贵的财富。它会让您懂得，一旦面前出现惊涛骇浪、乌云笼罩，焦虑、苦恼非但于事无补，有时还会使事情变得更糟，而恰如其分的"静"能够让您稳住阵脚、挽回损失。

"静"是韧性的智慧！

致虚极，守静笃。重为轻根，静为躁君。

静胜躁，寒胜热，清静为天下正。

投资哲理小幽默

法国人曾经出过一道智力测验题，有奖征答。

题说，如果卢浮宫不幸失火，这时您只能从里面抢出一幅名画，您将抢哪幅画？

大部分人的答案集中在《蒙娜丽莎》上。大奖最后却被法国大作家凡尔纳拿走，他说，我抢离安全出口最近的那幅画。

投资感悟

我们做股票，不一定要做股市最强的，因为您有可能被它的涨势吓得不敢动手。您只要做您看得懂的就可以了，"鱼跃龙门"攻势凶猛，实战中一定要像救火一样快、盖帽抢单，否则就封涨停板了。如果您对这样的不敢下手，不要紧，您做"蜻蜓点水""势如破竹"等拿手的就可以了。不怕千招会，就怕一招精。

买入以后，被套了，不要急，如那位富商一样，静下心来，仔仔细细地分析一下被套的原因，可能亏损的最大幅度，会不会是假象，需不需要暂时捂一下仓？会不会是真的形态失败，需不需要暂时割个小肉，把根留住？认认真真地分析完毕，再作出清仓、减仓或者加仓的最后决定。

股市谚语：大涨三日不追；大跌三日不杀。

五、蜻蜓点水

"蜻蜓点水"的原意是指蜻蜓在水面飞行时用尾部轻触水面的动作，比喻做事肤浅不深入。出自唐代杜甫《曲江》"穿花蛱蝶深深见，点水蜻蜓款款飞。"在股市里，是指主力资金向下打的动作是肤浅的，是不深入的，是假的。股价在向上运行过程中，均线系统保持完好，股价小步密走不紧不慢地向上，偶尔会有一两根阴线瞬间打至 14 日均线，又迅速地拉上去，我们把这根带下影线的像一根针扎 14 日均线一样的 K 线称作"蜻蜓点水"。这是一张略带狡猾、有些玩世不恭、游戏人生意味的股市脸谱。

案例1：恒生电子（600570）

该股明显处于"天女散花"的慢牛走势阶段中，这种慢牛走势的大牛股，既没有凌厉的涨停板，也没有大段很明显的涨幅，但是一段时间再回头看，涨幅非常惊人。盘中的洗盘震仓，也不凶狠，也是轻微地点到为止，就如2020年5月18日、2020年6月5日的"蜻蜓点水"，股价轻轻地打到14日均线，即止跌，尾盘还收上去，就像一根针轻轻地扎了一下14日均线一样（见图2-21）。

图2-21 "蜻蜓点水"是轻微的震仓洗盘

案例2：仙琚制药（002332）

该股的走势也是处于经典的"天女散花"慢牛走势阶段中，这种慢牛走势的大牛股，洗盘震仓都很温柔。2020年4月2日盘中的"蜻蜓点水"，就是股价轻轻地打到14日均线，即止跌，尾盘还收上去很温柔轻巧（见图2-22）。

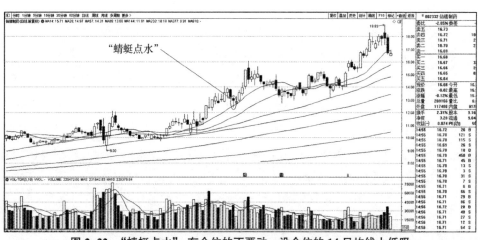

图2-22 "蜻蜓点水" 有仓位的不要动、没仓位的14日均线上低吸

案例3：硅宝科技（300019）

"蜻蜓点水"一般出现在单边上涨的行情中，洗盘的极限就是14日均线，在14日均线上低吸，翌日跌破14日均线即止损，所以风险很小，但是收益却很大（见图2-23）。

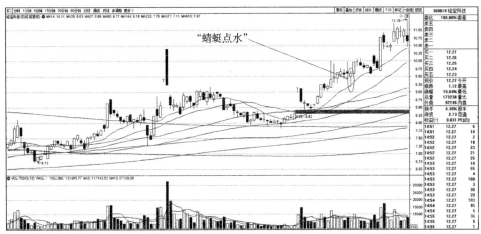

图2-23　"蜻蜓点水"的极限就是14日均线

案例4：珠江啤酒（002461）

该股在2020年5月25日"蜻蜓点水"的这个形态中，当天股价的最低价8.02元，14日均线的数值也是8.02元，也许是巧合，也许是规律，也许是神奇数字所致。"因为相信，所以看见。"这句话由于马云到处宣扬而出名。有人认为是巧合，有人认为是规律，笔者认为是神奇数字所致，实战中这样的经典有很多，不一一举例，请读者朋友实战中自己留心，处于"天女散花"阶段慢牛上涨中的股票，往往在这里能低吸到最低（见图2-24）。

案例5：赢合科技（300457）

该股的起涨点位是"出人头地"，从这个点位开始，后面的一大段走势是"天女散花"，完美的上涨趋势，中间的低吸点位就是如图2-25所示的两个"蜻蜓点水"处。

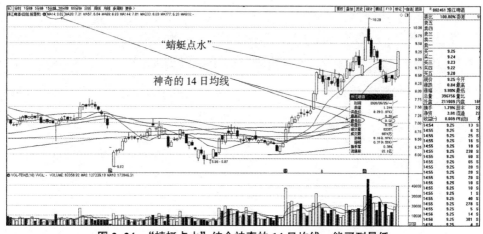

图 2-24　"蜻蜓点水"结合神奇的 14 日均线，能买到最低

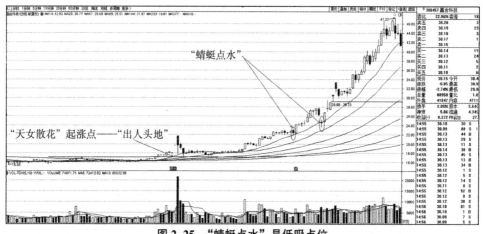

图 2-25　"蜻蜓点水"是低吸点位

　　网络流行的一句话"主要看气质！"这种"蜻蜓点水"的股票，均线流畅，走势稳健，不张扬，不显山露水，时不时地回踩一下 14 日均线，就像蜻蜓点水一样。就像一位婀娜多姿的女性，曲线优美，迈着猫步，抛着媚眼，一路走来！不管您踩的点位对不对，这样的股票整体走势是不错的，主要看气质嘛！

　　炒股如开车，每一个司机都知道，当您开车遇到路面上突发情况而来不及急刹车时，您可能自己还没有明确的意识，但是接下来的一连贯的动作一气呵成几乎不留痕迹，就好像经过深思熟虑和事先设计一样。其实，回过头来"慢放"一下整个具体的过程，您会发现从突发情况出现到本能地点刹、打方向盘、躲过"情况"、避免急刹车令后车追尾、看观后镜选择后面无车的方向、打回方向盘后回到正确的车道，这一系列高难度动作是那么复杂，操作要求是多么精确，可是您连"想都没想"就轻松搞定了。

为什么？习惯成自然！

在股市里，做股票的时候，您有没有轻仓试探—加仓—减仓—清仓这样无意识的一连贯的习惯性动作？特别是在这样一路向上慢慢运行的"天女散花"个股中反复出现"蜻蜓点水"的股票，这些一系列的动作尤其重要。

开车的人都知道，在学习开车的时候，其实就几个简单的动作：踩离合、挂挡、踩油门、松离合、换挡、刹车、松刹车、加油，但是要把这几个动作完美熟练地结合在一起，需要练很久。

投资哲理小故事

心　灯

一只捕蟹船上住着老艄公和他的儿子，他们爷俩常常高挂桅灯，摇着一叶扁舟到海里捕蟹。那满舱的时光，满怀的明月，是老艄公岁月里恒开不败的花朵。可惜，老艄公害上了眼疾，几乎致盲，但仍陪伴儿子下海捕蟹。

一夜，艄公父子正捕蟹，突然阴云密布，恶浪汹涌，狂烈的风"哗啦"一声就拍碎了桅灯，顿时他们被卷入了黑色的旋涡，覆舟在即。"爸爸，我辨不出方向啦。"儿子绝望地喊道。

老艄公跌跌撞撞从船舱里摸出来，推开儿子，自己掌起舵来。

终于，捕蟹船劈开风浪，靠向灯火闪烁的码头。

"您视力不好，怎么还能辨出方向？"儿子不解地问。

"我的心里装着盏灯呢。"老艄公悠悠地答。

投资感悟

人的一生中，有很多时候可能平淡、可能暗淡，甚至可能遁入黑夜，但是唯独心中不能缺少一盏灯。只要心中有盏灯，到哪里不是光明？

分析、操作、持有每一只股票，如果有一盏心灯，是否能剥茧抽丝地分析股价每时每刻所处的位置和要去的方向，在涨势汹涌和横扫一切的跌势的时候也能够有条不紊地操作，在心灯的指点下内心一片光明呢？愿投资者朋友早日有一盏心灯。

凡是在股市中跌打滚爬过的人，一般都比较谦虚。他对股市里的很多不平事、受到主力资金的暗算、股价的走势不按理想预期等都是司空见惯的，都能做到"兵来将挡，水来土掩"。他知道，股市不是做衣服，不会那么合体、合心、合意。不是为哪个人专门设计的，它有特立独行的运行规律。

这就和老司机是一样的好心态，他不会"路怒"，因为他知道，开车上路，会有很多很多人不遵守交通规则，他不会和这些人生气，他不会开英雄车，他不会埋怨堵车。他知道，路不是给他一个人设计的，是大家的，不是他的专用车道；他知道，只要一上路，知道目标是哪里就足够了，但一路的路况是不可预测的，只能随机应变，该加挡加挡、该加油加油，该减挡减挡、该刹车刹车。甚至到服务区该休息还要休息，但是这些并不耽误前行，而且还是行进过程中的必需。

炒股也是如此，该买的时候要买，该卖的时候一定要卖，该轻仓的时候要轻仓，该重仓的时候要重仓，该减仓的时候要减仓，该清仓的时候要清仓，该空仓的时候一定要空仓，而不是一年四季的满仓甚至贷款、融资。这不但不会耽误投资，而且是投资中的必需。

投资哲理小幽默

股民老王

老王炒股总是亏钱，而他的一个好哥们却总是赚钱。一天，老王把他哥们请到家里吃饭，酒过三巡，老王就向他讨教炒股的秘诀。他一开始不肯说，后来实在被磨得不行了，就很不好意思地对老王说："你卖哪只股票我就买哪只，你买哪只我就卖哪只。"

老王听完后哑然。

投资感悟

股票书中经常说的一句话就是："逢低可入，高抛低吸。"但是很多人是嘴里念着"高抛低吸"，手里却做着追涨杀跌的高吸低抛。其实那是不了解股票的运行规律和主力的操盘手法，这个"蜻蜓点水"的技术形态就是主力打出来的低点，实战中就是最佳的低吸点。

股市谚语：岁岁年年人不同，年年岁岁股相似。

六、老鼠打洞

"老鼠打洞"就是震仓洗盘的意思，深挖洞广积粮。在股价的均线系统都是完美的多头排列而且股价走得好好的时候，突然莫名其妙地来一根大阴线，让大部分投资者蒙了，不要怕，在实战中发现主力资金"老鼠打洞"，您就二话不说先给它来个广积粮。这是一张虚伪、狡诈、骗您没商量、"此地无银三百两"的股市脸谱。

股价经过拉升，产生了一些获利盘，为了减轻拉升阻力和以后主力资金的顺利派发，主力需要调整、清洗一下获利盘。主力利用普通投资者见到阴线即害怕跌的心理，刻意制造一根大阴线，让进场的投资者在担惊受怕中落荒而逃，自己顺便在低位再补进一些低价筹码。

案例1：展鹏科技（603488）

2020年4月28日，当天的大盘走势不是很好，该股就借着大盘的掩护，来个深挖洞广积粮的"老鼠打洞"。在近阶段走势中，前面那几天刚刚突破前期高点，就来了五根阴线洗盘，着实给人方向不明的感觉，但是您仔细分析一下就会明白此股"老鼠打洞"的目的，调整了几天的阴线，这么小的成交量，要是主力资金出货不至于这点量吧，而且就这天的跌幅最大、成交量最大，前面几天价格高反而成交量小，说明肯定不是出货，而且肯定是下面有人在买才不会跌停，那究竟是谁在买？一定不是散户，因为当天大盘不好，散户害怕，那不是散户买肯定是主力资金在买了，只要这个谁买谁卖的买卖关系搞明白了，在股市里混就容易多了。

接下来，股价围绕着14日均线窄幅整理，2020年6月5日，一根放量的大阴线突破前高以后，在6月9日这一天，又来了一个"老鼠打洞"清洗前面的套牢盘和获利盘，然后股价才以涨停板的形式开始拉升（见图2-26）。

图 2-26 "老鼠打洞"是震仓洗盘

案例2：国发股份（600538）

2020年3月19日，当天的大盘处于暴跌之中，该股就借着大盘的下跌，装模作样地来个"老鼠打洞"。往前看看该股，股价刚刚站上所有均线，"飞上蓝天"的条件刚刚具备，就又开始下跌了？而且我们仔细观察当天的即时图，股价是跌而不停，如果没有人接盘的话那不就跌停了吗？那是谁在下面接盘呢？

第二天，一个强势的涨停板的"势如破竹"破土而出，使股价"起死回生"（见图2-27、图2-28）。

图 2-27 "老鼠打洞"是诱空

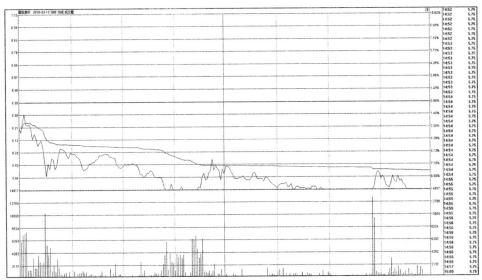

图 2-28　跌而不停是典型的诱空猫腻

投资哲理小故事

一份暗藏心机的遗嘱

一个富有的犹太人把儿子送到耶路撒冷去学习。后来，他突然染上重病，知道来不及同儿子见上最后一面，就留下一份遗嘱。遗嘱写得很清楚，家中全部财产都让给一个奴隶，但儿子可以从中拿走一件自己想要的，不过只能拿一件。

犹太人死后，奴隶庆幸自己交了好运，连夜赶到耶路撒冷，向死者的儿子报丧，并把遗嘱拿给他看。儿子看了非常惊讶，也非常伤心。

办完丧事后，儿子一直在盘算自己该怎么办，但理不出个头绪来。他跑去见老师，说明情况后，发起了牢骚。老师对他说："从遗嘱上可以看出，您父亲十分聪明，而且真心爱您。"儿子气愤地说："把财产全部让给奴隶，不留一点东西给儿子，连一丝关怀的意思也没有，只能让人觉得他愚蠢。"

老师要他好好动动脑子，只要想通父亲的顾虑是什么，就可以理解父亲为什么这样做了。当时，父亲知道，如果自己死了，儿子又不在，奴隶可能会带着财产逃走。父亲把全部财产送给奴隶，奴隶就会急着去见儿子，把财产保管得好好的。

可儿子还是不明白，这样做对他有什么好处。老师只好挑明："你不知道奴隶的财产全部属于主人吗？你父亲不是说你可以拿走一件自己想要的东西吗？你只要选那个奴隶就行了，这不就是他充满爱心的聪明想法吗？"年轻人恍然大悟。

投资感悟

故事中的犹太人暗地里使了一个小计谋，遗嘱所给予奴隶的全部权利，都建立在满足儿子一个要求的基础之上，前提一变，一切权利皆成泡影。这样一个暗藏心机的活扣，是这个计谋的关键。这充分显示了犹太民族在订约守约方面的独特智慧。人必须守约，合适的契约能够有效地保护个人的合法权益，但在订约时一定要考虑周全，多动些脑筋。

"老鼠打洞"的技术形态就像这份暗藏心机的遗嘱，您要用心才能识破主力的良苦用心。

在实战中，不只有上天揽月的追涨，还要有下五洋捉鳖的低吸。股市中的"老鼠打洞"这个技术形态亦是如此！

我们再来谈谈跟庄这个话题。这恐怕会让许多人眼睛一亮，不管怎么去理解跟庄的行为，要是真能准确地跟着主力资金的节奏进场，享受拉升的主升段，这才是做股票的真谛，才是做股票的最高境界。不管境界也好，真谛也罢，还是伟人的话有道理：不管黑猫白猫，只要能够抓着耗子就是好猫！不管跟庄、投资、投机，只要能让资金增值就是硬道理。

以铜峰电子（600237）为例。2014年2月7日，该股开盘跳空低开，几分钟股价跌了8%左右，而且成交量在几分钟内已经和头天的成交量差不多了，粗略地估计一下，今天要么封跌停，要是不封停的话应该是巨量。往前看，前5个交易日一根大阴线把股价打了下来，可是这根大阴线和在前面一天的涨停板刚刚把股价突破前高点，也就是说，刚把前面近阶段的两个山头上被套的筹码解套，股价就跌下来了。从成交量上分析，那根大阴线的成交量按照今天开盘几分钟的情况看还不会有今天的成交量大，那么主力资金把散户从被套的山头解放，自己到这山沟来出货吗？要是这样的话那可真是活雷锋啊！最起码也跟着雷锋做点好事吧，笔者立即在这个价位试探性地建部分仓位，刚刚建完，股价打至跌停板，像这种情况，仓位不重，今天封板的话，明天就有可能低开，明天低开的话割掉就是了，判断错误嘛！损阴以益阳嘛！

然后观察盘口，几万手的封单迅速压在了跌停板上，几分钟过去后，封单没有撤，可是有几次几千手的大单几下就把跌停板上的筹码吃掉了，对倒？应该有可能，但更有可能是吃掉散户的单子，因为刚才封住板到现在的几分钟时间，应该是主力资金在偷梁换柱，主力资金用自己的大单封住跌停板，散户一看，心里就有些害怕，不好的想法和推测就开始了，因为首先低开就是一个下马威，然后还没有稍微观察一下，就跌至 8 个点左右，刚在考虑要不要卖，就封跌停板了，这时心理防线就被击溃，就开始胡思乱想，要是还跌停板怎么办？算了，挂在跌停板上排队吧，惹不起咱总是能躲得起吧，主力资金一看盘口就知道有人这么想并且在这么做了，为什么？因为板上除了自己压的单还在增加，这个时候，主力就偷偷地乐了，乐的同时也没有闲着，跟着散户的情况在撤自己的单子。这样，板上压的单子也没有变大或变小，但是本质变了，散户挂的卖单慢慢地排到前面去了，主力挂的卖单慢慢撤走了，也就是说封在跌停板上的单子不知不觉中换人了。当然，盘口压单的大小主力掌握的火候还是蛮好的，不大不小，太大容易让人绝望，觉得挂上也没有用，这么大的量，反正不一定能够成交，那就索性不挂了，太小没有威慑力，散户不害怕。

等火候、时机差不多了，神兵天降，刷刷刷几下就把散户挂在跌停板上的筹码收为己有，像这种情况，主力也太不遮遮掩掩了，简直是明抢，那笔者也跟着主力喝点汤吧，在主力把跌停板上的筹码收为己有的同时，笔者也跟着增加些仓位。这个时候，股价上升到当天均价线时又下来了，然后又重复了刚才的过程，估计是主力看这招技术含量虽不高但是挺管用，那既然是这样，笔者也再增加些仓位吧，大不了明天开盘就割掉，在这个充满投机的股票市场里混，没有一点赌性也不行，不想冒一点风险也会有踏空的风险。

主力这样忽悠几次后，大概是跌停板上的筹码不太多了，主力就把股价慢慢拉起，路上的筹码一路笑纳，因为下面没有太多筹码的话是不能在下面一直停留的，毕竟这样的招数技术含量不是很高，能看懂的人都会在下面和主力争抢筹码的，所以如果下面没有散户的筹码时，主力硬要把股价压在下面就要用自己的筹码去压，那就偷鸡不成蚀把米了。

截至下午收盘，股价竟然收在-4.65%。当天即有 5 个点左右的收益，不错（见图 2-29）。

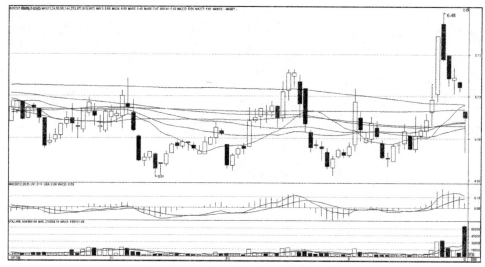

图 2-29 "老鼠打洞"当天就把股价拉起

接下来的这个周末过得还是很惬意，因为像这种时间短、见效快、回报高的事情让谁遇上都会很惬意。周一开盘，没有任何悬念地把股价推至 6%左右，中午快收盘时，主力又来了个火箭式的拉升，把股价封在了涨停板上。但是下午涨停板上的量并没有消停，而且临近收盘时的封单只有几千手。从这些迹象上分析，看不出来主力资金往上做的坚决之心，既然这样，不管明天会怎么样，还是先落袋为安吧。14：50，笔者把筹码在涨停板上完好无损地交还给主力资金。持仓时间虽然只有短短的一夜，但是 15%的收益还是让人心花怒放的（见图 2-30）。

投资哲理小幽默

那年，他坐在咖啡店等朋友，一位女孩走过来问："您是通过王阿姨来相亲的吗？"他抬头打量一下她，正是自己喜欢的类型，心想何不将错就错，于是忙答应道："对，请坐。"……结婚当天，他坦白当时自己不是去相亲的。老婆笑了，说："我也不是去相亲，只是找个借口和你搭讪……"

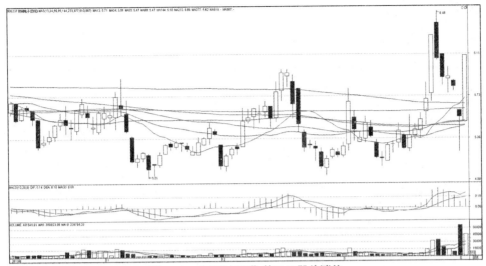

图 2-30 "老鼠打洞"第二天股价涨停

投资感悟

机遇来了，毫不犹豫地抓住它。股市里主力来个"老鼠打洞"是糊弄那些不明真相的人，您知道了这个形态以及它的含义以后，主力资金只要打洞，您就积粮。

股市谚语：要在别人贪婪的时候恐惧，而在别人恐惧的时候贪婪。

七、起死回生

"起死回生"是指使死人复活。多形容医术或技术高明，也形容挽救了看来没有希望的事情。也比喻处于毁灭境地的事物被挽救过来。出自清代李渔《闲情偶寄·颐养·疗病》中有"天地之间只有贪生怕死之人，并无起死回生之药。"

在股市里，我们所说的"起死回生"形态是一个 K 线组合，在股价处于多头排列中，先有一根回调多日形成的中阴线，第二天又来一根把这根中阴线全部吃掉的大阳线，这两根一阴一阳的 K 线组合我们称为"起死回生"。这一般都是股价结束整理，重新上涨的起点。这是一张威严、正义、稳重、肃穆、正能量满满的股市脸谱。

案例 1：大参林（603233）

该股在慢牛上涨的过程中，股价每次调整两天，就会出现一个阳线，把股价止跌"起死回生",这是一种不紧不慢的做盘手法,这种手法看似温柔,实际涨幅不小(见图2-31)。

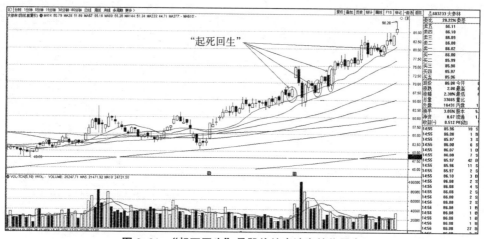

图2-31 "起死回生"是股价结束洗盘的临界点

案例2:步长制药(603858)

该股在底部盘整两年多,2020年5月19日,一根携量上攻的大阳线,助力股价的14日均线上传610日均线,使股价形成"展翅高飞"的技术走势,把股价推进到了"天女散花"阶段。在股价开始大幅度上涨之前,主力又用了三根阴线调整获利盘,5月25日,一根上攻阳线使股价"起死回生",股价开始大步流星的上涨(见图2-32)。

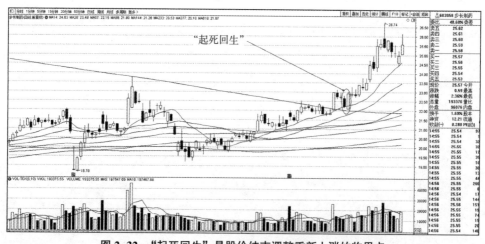

图2-32 "起死回生"是股价结束调整重新上涨的临界点

案例3：凯撒文化（002425）

该股在底部盘整数日，2020年5月8日，一个涨停板拔地而起，用量价异动的方式告诉我们主力还在，可是第二天就一个"当头一棒"把跟进的人打得晕头转向，接下来横盘了几天，看样子是该洗出去的人在横盘这几天里没有出去，主力又用了连续5根阴线向下洗盘，够狠！

2020年5月25日，一个量价双覆盖（成交量盖过昨日成交量、价格吃掉昨日收盘价）的阳线，使股价止跌，K线形态也形成了"起死回生"，然后股价就起死回生了，15个交易日，股价翻番（见图2-33）。

图2-33 "起死回生"是股价上涨的临界点

案例4：深天地A（000023）

该股进入"天女散花"阶段以后，股价即结束了萎靡不振的走势，开始大幅上涨，从图2-34中我们可以清晰地看到每一波上涨临界点就是"起死回生"。

案例5：昌红科技（300151）

该股经过一波拉升后，围绕着14日均线开始震仓洗盘，清洗获利筹码，2020年5月29日，一根量价双覆盖的阳线吃掉昨日阴线，K线形态形成了"起死回生"，然后把股价送上了天空（见图2-35）。

图2-34 "起死回生"的形态使股价起死回生

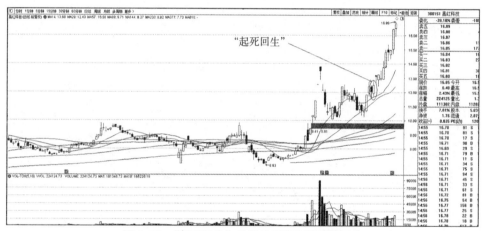

图2-35 "起死回生"是股价重新上涨的临界点

投资哲理小故事

假如我做了皇帝

话说有三个老汉一天碰到一起聊天，聊着聊着就聊到了皇帝身上。

第一个是拾粪的老汉，他说："如果我当了皇帝，我就下令这条街东面的粪全部归我，谁去拾就有公差来抓。"

第二个是砍柴的老汉，他瞪了第一个老汉一眼，说："你就知道拾粪，皇帝拾粪干啥？如果我当了皇帝，我就打一把金斧头，天天用金斧头去砍柴。"

第三个是讨饭的老汉，他听完后哈哈大笑，眼泪都笑出来了，他说："你们两个真有意思，都当了皇帝了，还用得着干活吗？要是我当了皇帝，我就天天坐在火炉边吃烤红薯"。

这些老汉们就是想坏了脑子，也不知道皇帝是如何生活的。

投资感悟

做人一定要学会换位思考，在股市里也一样，投资者一定要学会换位思考，假如您是主力，您会怎么做？这个问题弄不明白，您就会对股价的走势疑神疑鬼，这就是为什么我们总是判断不准股价的走势，为什么股价总是去我们做梦也想不到的地方。

投资哲理小幽默

一头猪、一只绵羊和一头奶牛被牧人关在同一个畜栏里。有一天，牧人将猪从畜栏里捉了出去，只听猪大声嚎叫，强烈地反抗。绵羊和奶牛讨厌它的嚎叫，于是抱怨道："我们经常被牧人捉去，都没像你这样大呼小叫的。"猪听了回应道："捉你们和捉我完全是两回事，他捉你们，只是要你们的毛，最多撸把奶，但是捉住我，却是要我的命啊！"

投资感悟

立场不同，所处环境不同的人，是很难了解对方的感受的。所以不光生活中要善解人意，在股市也要替主力资金着想，主力也不容易啊。"起死回生"的技术形态是先有一根回调多日的大阴线，紧接着一根吃掉阴线的大阳线，好比生活中我们见到的这样一种场景：当打你一棍子的时候，接下来马上就掏出甜枣来。

股市谚语：买股勿冲动，卖股要果断。

八、阴魂不散

从字面上看，"阴魂不散"就不是什么好的意思，所以我们看到这样的K线组合，一定要避而远之。"阴魂不散"比喻坏人、坏事虽已清除，但不良的影响还在起作用。在股市里，股价走出"阴魂不散"的形态后，会像"鬼附身"一样影响股价。它由两根 K 线组成，一根是上涨多日的巨量大阳线，紧接着是一根巨量大阴线，我们把这对在相对高位的一阳一阴的 K 线组合称为"阴魂不散"。这是一张不折不扣地充满罪恶的股市脸谱。

股价经过一波拉升之后，主力资金在"露头橼子""忘乎所以""当头一棒"处出掉不少筹码后，为了减小普通投资者的抛售压力，股价会低开低走，一边锁定套牢盘，另一边给其他人造成整理的错觉，然后自己在偷偷地慢慢派发。

案例 1：永悦科技（603879）

2020 年 6 月 1 日，该股收了一根巨量阴线，和昨天的一根大阳线组成了一个 K 线组合"阴魂不散"。接下来竟然连续跌停（见图 2-36）。

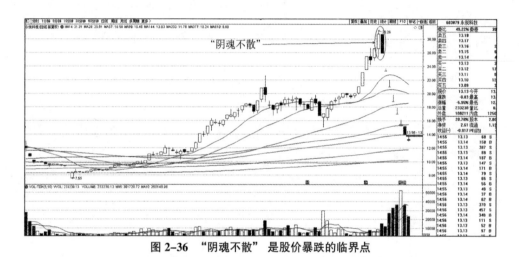

图 2-36 "阴魂不散"是股价暴跌的临界点

案例 2：圣龙股份（603178）

该股经过一波暴力的拉升，在 2020 年 1 月 13 日开始放量滞涨，收盘收了一根巨量大阴线，和昨日的阳线组成了一个"阴魂不散"的 K 线组合。

第二天，股价跌停。

第三天，股价干脆一字板跌停。

接下来，一直到 2020 年 6 月，半年多，股价的阴魂还没有散去（见图 2-37）。

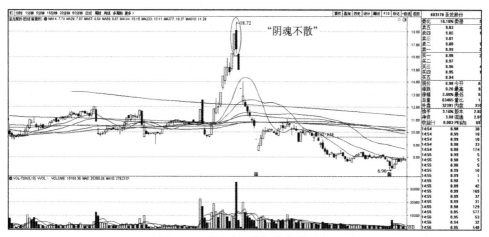

图 2-37　"阴魂不散"是出货形态

案例3：广博股份（002103）

该股经过连续6个涨停板的暴涨，在2020年6月5日收盘收了一根巨量大阴线跌停板，和昨日的阳线组成了一个"阴魂不散"的K线组合，接下来5个交易日，把股价从"阴魂不散"最高处的8.88元，跌到了6.25（见图2-38）。

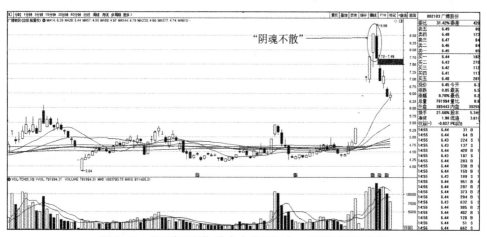

图 2-38　"阴魂不散"是主力光明正大、不遮不掩的出货

案例4：ST博信（600083）

该股经过一波拉升，在2020年2月18日收盘收了一根巨量大阴线跌停板，和昨日的阳线组成了一个"阴魂不散"的K线组合。

第二天，股价一字板跌停。

第三天，股价一字板跌停。

接下来，如果持有该股没有及时出局的话，再想等个反弹都很难，股价从"阴魂不散"时的 30.85 元一口气跌到了最低处的 3.27 元（见图 2-39）。

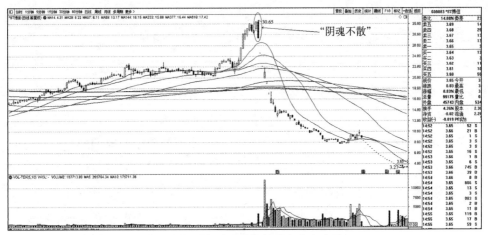

图 2-39 "阴魂不散"的威力令人咋舌

案例 5：世纪天鸿（300654）

该股经过 10 个涨停板的拉升，在 2020 年 2 月 13 日开闸放水，收盘收了一根巨量大阴线跌停板，和昨日的阳线组成了一个"阴魂不散"的 K 线组合，两天的成交量都是巨量，接下来的股价切换到了暴跌模式（见图 2-40）。

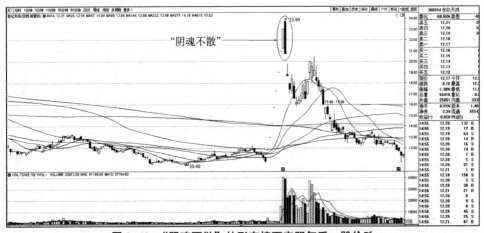

图 2-40 "阴魂不散"的形态接下来阴气重、股价跌

投资哲理小故事

毛驴的坏主意

从前，有个商人在镇上买了很多盐。他把盐装进袋子里，然后装载于驴背上。"走吧！回家吧！"商人拉动缰绳，可是驴子却觉得盐袋太重了，便很心不甘情不愿地走着。城镇与村子间隔着一条河。在渡河时，驴子东倒西歪地跌到河里。盐袋里的盐被水溶掉，全流走了。"啊！盐全部流失了。唉！可恶！多么笨的驴子呀！"商人发着牢骚。可是驴子却高兴得不得了，因为行李减轻了。"这是个好办法，嗯！把它记牢，下次就可以照这样来减轻重量了。"驴子尝到甜头，商人却一点也没有发觉。第二天，商人又带着驴子到镇上去。这一次不是盐，而是棉花。棉花在驴背上堆得像座小山。"走吧！回家！今天的行李体积虽大，可是，并不重。"商人对驴子说，并拉动了缰绳。驴子一副很重的样子，慢吞吞地走着。不久又来到河边，驴子想到昨天的好主意。"昨天确实是在这附近，今天得做得顺顺利利才行！"于是，驴子又故意滚到河里。"顺利极啦！"这时驴子虽然想站起来，但突然觉得没办法站起来。因为棉花进水之后，变得的更重了。"失算了，真糟糕！"驴子边哼哼地嘶叫着，边载着浸满水而重的行李，走回村子去。

投资感悟

"阴魂不散"和"老鼠打洞"的形态极其相似，我们一定要分清，毛驴分不清棉花和盐的特性，我们一定要弄懂"阴魂不散"和"老鼠打洞"形态的本质，否则要吃大亏。"阴魂不散"一般出现在一波拉升之后，"老鼠打洞"一般出现在拉升途中。

在股市里，类似的画面，类似的K线图，类似的股市脸谱，为什么每个人的解读都不一样呢？同一首诗，有人读出豪迈，有人读出凄凉，有人读出诗情画意，有人读出雄心壮志……

同是一个K线组合，有人急着买，有人急着卖，于是贫富的差距拉开了，有人赚得盘满钵满，有人亏得一塌糊涂。有缘读到此处的朋友，下次再遇到"阴魂不散"这样的技术形态，希望买入的不是您。

投资哲理小幽默

东邻人家的岳母死了，殡葬的时候需要一篇祭文，这家人就托私塾的老师帮写一篇。私塾老师便从古本里规规矩矩地抄了一篇，没想到误抄成悼岳丈的祭文。葬礼正在进行的时候，识字的人才发现这篇祭文完全弄错了。事后，这家人跑回私塾去责问老塾师，塾师解释说："古本上的祭文是刊定的，无论如何不会错，只怕是你家死错了人。"

投资感悟

读书不要读死书。我们很多人在分析完股票以后，根据自己的判断就信心满满地全仓杀入，然后开始期待自己分析出大阳线或者涨停板，可是股价并没有按照我们的期望走，这时就不能固执己见了，因为不是股价走错了，而是自己分析判断错了！

出现很多股票在大涨大跌之前总会有一些警示性形态出现。在实战中，一定要正确认识和区分什么是标志性形态和警示性形态。下面举例说明：

"万丈高楼平地起"技术形态，不但标志着股价见底，同时预示着一波行情的开始，具有一定的攻击性，实战中可立马跟进。

"拉开序幕"技术形态，标志着股价下跌的空间被封闭，但是，涨与不涨还要结合K线分析，如果K线还是小阴小阳，成交量也不放大，那就继续等待。就比如开车，有时候我们开到一些路段，路旁常有"事故多发段"这样的警示路牌，但是事故是否发生却与各种因素有关，更取决于司机。在实战中我们遇到"拉开序幕"这样的技术形态，我们知道，股价到了容易产生行情的阶段了，但是有没有行情，主要取决于主力资金的操盘手，看K线，看看有没有攻击性的带量K线的出现等。

"阴魂不散"这样的技术形态，具有很强的标志性，标志着一波行情的结束。

股市谚语：涨时重势，跌时重质。

九、露头椽子

农村有句俗话：露头椽子先朽。什么意思呢？旧社会的农村有很多瓦房，瓦房的结构是房子的顶棚最底层有很多木头的椽子先搭成框架，然后在上面放瓦片。这些一根一根的椽子经过长时间的风吹日晒会稍微向下脱落而失去上面瓦片的覆盖造成外露，比别的椽子会多出来一截，即"露头椽子"。这根露头椽子因为没有上面瓦片的保护会被风吹日晒雨淋，从而会先与其他椽子腐朽，称为"露头椽子先朽"，也有点枪打出头鸟的意味。

在股市里，经过一波拉升后，会出现一根巨量向上拉升而又在收盘时跌下来，留下上影线的一根K线。我们就把这根高位巨量而且有上影线的单根K线称为"露头椽子"。这是一张阴险狡诈、略带嘲笑的股市脸谱。这是主力资金疯狂出货后留下的不可消去痕迹的一根K线，我们见到这根K线的时候，记住要跟随主力资金一道把货先出了。

案例1：南卫股份（603880）

该股经过一波疯狂的拉升，在2020年2月10日，放量滞涨，收盘收了一根放量的"露头椽子"，从K线图上来分析，该股是不想前行了。从成交量上看，主力出货顺利（见图2-41）。

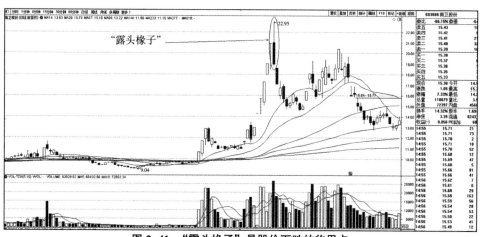

图2-41　"露头椽子"是股价下跌的临界点

案例2：泰达股份（000652）

该股经过一大波拉升，在2020年3月10日，放量滞涨，收盘收了一根放量的"露头椽子"，接下来股价从最高价的14.68元跌到了6元左右还没有停住下跌的脚步，难道真是应了主力最高价的谐音暗示：要死了吧（见图2-42）。

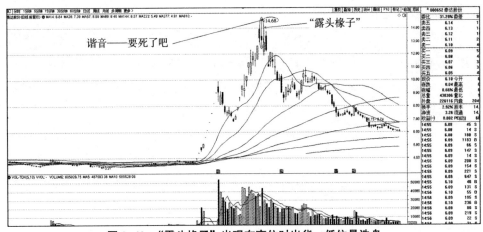

图 2-42 "露头橡子"出现在高位时出货、低位是洗盘

案例 3：西陇科学（002584）

该股经过一小波拉升，在 2020 年 4 月 22 日，放量滞涨，收盘收了一根放量的"露头橡子"，从 K 线图上来分析，该股是不想前行了（见图 2-43）。

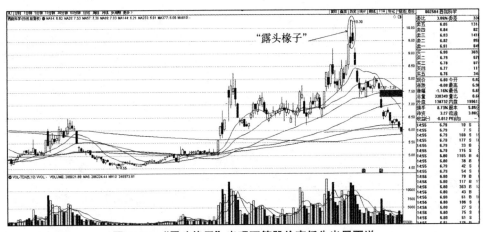

图 2-43 "露头橡子"出现不管股价高低先出局再说

案例 4：通润装备（002150）

该股的"露头橡子"形态比较夸张。在 2020 年 3 月 26 日，收盘收了一根放量的长长的上影线的"露头橡子"。

第二天，股价跌停。

第三天，股价跌停。这就是出货形态的威力（见图 2-44）。

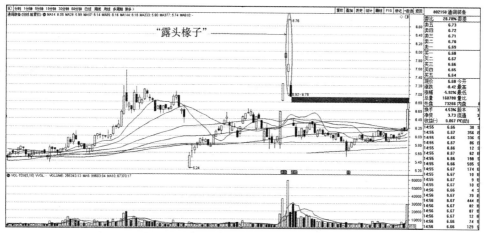

图 2-44　"露头橼子"是主力出货留下的上影线

　　这个"露头橼子"的技术形态，就是主力资金出货的一种恶劣行径，恶劣的地方就是让您一点没有感觉到它是在出货，它是在一片气氛热烈的做多声中不知不觉地把筹码在高位换手。在实战中遇到这样的形态一定要小心，不要陶醉在主力资金制造的热烈气氛中，掉进温柔、充满诱惑的陷阱里，要时刻保持一份清醒。

　　"露头橼子"的 K 线要是相对高位、巨量、上影线，而且阴线 K 线更加恶劣，为什么？说明这根橼子已经进水，受潮严重已经腐朽了，比阳线还厉害。说明主力资金出货坚决，有些不顾后果了。主力资金不是不明白 K 线收阴看起来更加恶劣的道理，而是主力资金顾不了这些了，因为这样能多出些货；K 线的收阳应该比收阴欺骗性更大些，更能够吸引散户在相当热烈的气氛中买入。

案例 5：海达股份（300320）

　　2020 年 2 月 18 日，该股在经过一波爆拉以后，当天巨量滞涨，为什么放这么大的量股价却上不去呢？是主力在出货呗（见图 2-45）。

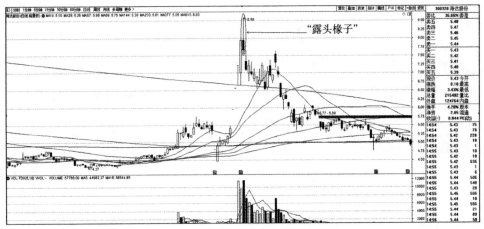

图 2-45 "露头橡子"的阴线更加恶劣

投资哲理小故事

礼物猜谜

学期结束的时候，学生们要送礼物给他们的老师。老师知道学生家长的职业，所以她要猜猜学生们送了什么给自己。

花店老板的女儿给了她一个盒子，她把盒子举过头顶，摇了摇，"是花吗？"老师问。

花店老板的女儿回答道："是啊，您是怎么知道的？"

然后是糖果店主的儿子带着个盒子进来了。她把盒子举过头顶，摇了摇，"是糖吗？"老师问。

糖果店主的儿子回答道："是啊，您是怎么知道的？"

酒店老板的儿子约翰尼进来了，老师发现他拿的盒子有点漏水。她用舌头舔了舔漏水的地方，问道："是葡萄酒？"

约翰尼摇了摇头。

她又舔了舔："伏特加？"

约翰尼回答道："不，是只小狗！"

投资感悟

在股市中进行投资买卖，分析是重中之重。只有在对注意的目标进行深入的分析，并且等主力资金走出攻击形态时，比如"欢喜过年"，再买进股票。在股票没有走出起涨形态之前，千万不要采取一些可能不利于自己的行动，否则可能会把不应该喝的东西当成"葡萄酒"或者"伏特加"。

股价在形成"露头椽子"的时候，一开盘，做多的气氛是相当热烈的，这个时候，您一定不要急于下决定，一定等股价收盘时再看看，好好研究研究，说不定就走成了"露头椽子"。

投资哲理小幽默

由于经常玩手机，最近老王的视力下降得厉害。一天去饭馆吃饭，夹起一块红烧肉发现上面好多毛，心想：现在的饭店真不像话，连毛都不弄干净。于是很认真地一根一根拔，等拔干净放进嘴里，哇！是块姜！

投资感悟

很多证券书上讲过的"仙人指路"技术形态和本书讲的"露头椽子"技术形态虽然很相似，但这两个技术形态出现的位置却不同，"露头椽子"出现在一波拉升后，"仙人指路"出现在拉升初期或者前期高点附近，在实战中如果分不清"仙人指路"和"露头椽子"的形态，可是要吃大亏的啊！本来一波拉升以后出现一个"露头椽子"的技术形态，让我们卖股票，结果我们误认为是"仙人指路"，这样指路的话只能把我们引入歧途；如果是在前期高点附近出现一个"仙人指路"的技术形态，抖落一下前期套牢盘，这时我们却误以为是"露头椽子"，又着急慌忙地把股票给卖了，那我们只能与财富失之交臂。

在生活中，有一句很励志的话，"哪里跌倒在哪里爬起。"网络上有一句很流行的俏皮话，"在哪里跌倒我就在哪里躺下！"在股市里，笔者觉得，哪里跌我们就在哪里卖出更为理智、更为灵活、更为实惠、更为随机应变一些。

股市谚语：我并不试图越过七英尺的栅栏，我到处寻找的是我能跨过的一英尺的栅栏。

十、得意忘形

"得意忘形"指因心意得到满足而高兴得失去常态。《晋书·阮籍传》中有："嗜酒能啸，善弹琴。当其得意，忽忘形骸。"谓因高兴而物我两忘。后以"得意忘形"形容高兴得失去常态，忘乎所以。人们往往在顺境的时候容易得意忘形，在取得一些小成功后容易得意忘形，股票也和人一样，容易犯这样的错误，往往在经过一波拉升后，在相对高位又拉出一根很高调的巨量大阳线，就像骄傲的人一样"得意忘形"，这是一张略带讥讽的股市脸谱，是一根主力资金刻意制造的诱多的大阳线，我们可不要上当，不要见阳线就认为是要涨的好事。

主力资金出逃的时候，一般会故意营造一种放量上攻的热烈气氛，让投资者被这种热烈的上涨迷惑，不顾一切地冲进去，主力会悄悄地把筹码在高位易手。

案例1：均胜电子（600699）

2020年2月10日、25日，在经过一大波拉升后的相对一个高的位置，股价在这里放量滞涨，并在这两天拉出两个涨停板，如果不看脚底下的成交量和分析股价位置的话，很容易被这样的大阳线所诱惑（见图2-46）。

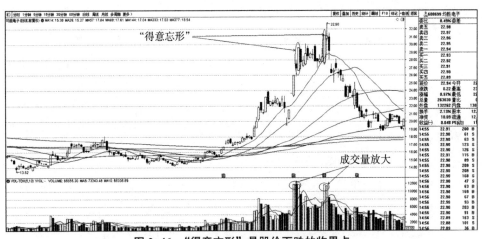

图2-46 "得意忘形"是股价下跌的临界点

案例2：飞亚达（000026）

经过一大波凌厉的拉升后，2019年12月20日，开盘即往上拉，但盘中明显感觉吃力，虽然尾盘主力还是把股价封在了涨停板上，但疲惫的涨态和脚底下的成交量已经掩盖不住出货的事实，但是如果你事后看，不剖析这根即时图，股价涨得还真像那么回事，大刺刺的涨停板，一副盛气凌人，得意忘形，那是主力出货顺利流露出洋洋得意的样子。

第二天开盘即低开，这是主力利用低开锁住昨天在涨停板上的接盘侠，自己再继续慢慢派发。

然后股价没用多久，就跌回起涨前（见图2-47）。

图2-47　"得意忘形"是主力在出货

案例3：新天药业（002873）

2020年3月19日，继三个一字涨停板后，开盘既跳空高开，又跳空高开，巨量拉升，给人的上涨气氛非常热烈，让人觉得不知道要怎么涨好了，再不买又不知道要拉多少个一字涨停板了，今天的开板机会很难得，其实结果并不是这样的，等您买了以后，当天是勉强封住了涨停，但次日并没有出现人们想象中的连续涨停板，而是意想不到的跌停板、跌停板、跌停板，然后再是跌、跌、跌，连改过自新的反抽出逃机会都不给，这就是主力（见图2-48）。

案例4：华天科技（002185）

该股在经过一波大幅拉升后，2020年5月25日，又拉出了一个巨量涨停板，创下成交量阶段之最，当天换手率为19.21%，看着这个高高在上的巨量涨停板大阳线，很像一个人张牙舞爪、得意忘形的样子（见图2-49）。

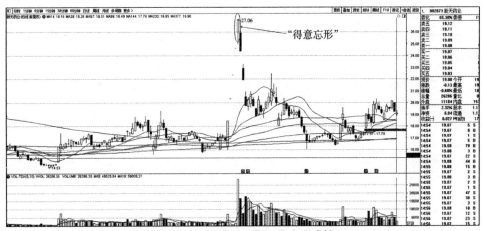

图 2-48 "得意忘形"很具有诱惑性

图 2-49 "得意忘形"出现的一波拉升的尾端、巨量

案例 5：新诺威（300765）

2020 年 4 月 7 日，经过一大波拉升的新力金融，开盘即跳空高开，但是盘中上涨无力，成交量却在不断放大，尾盘股价勉强封住了涨停板，如果单看 K 线还是一根大阳线，所以很具有迷惑性（见图 2-50）。

图 2-50　"得意忘形"是经典的诱多

投资哲理小故事

得意忘形的老虎

从前有一个农夫，他的地在一片芦苇地的旁边。那芦苇地里常常有野兽出没，他担心自己的庄稼被野兽毁坏了，就总是拿着弓箭到庄稼地和芦苇地交界的地方去巡视。

这一天，农夫又来到田边看护庄稼。一天下来，没有什么事情发生，平平安安地到了黄昏时分。农夫见还安全，又感到确实有些累了，就坐在芦苇地边休息。

忽然，他发现苇丛中的芦花纷纷扬起，在空中飘来飘去。他不禁感到十分疑惑："奇怪，我并没有靠在芦苇上摇晃它，这会儿也没有一丝风，芦花怎么会飞起来的呢？也许是苇丛中来了什么野兽在活动吧。"

这么想着，农夫提高了警惕，站起身来一个劲地向苇丛中张望，观察是什么东西隐蔽在那里。过了好一会儿，他才看清原来是一只老虎，只见它蹦蹦跳跳的，时而摇摇脑袋，时而晃晃尾巴，看上去好像高兴得不得了。

老虎为什么这么撒欢呢？农夫想了想，认为它一定是捕捉到什么猎物了。老虎得意到简直忘了形，完全忘了注意周围会有什么危险，屡次从苇丛中跳起，将自己的身体暴露在农夫的视线里。

农夫悄悄藏好，用弓箭瞄准了老虎现身的地方，趁它又一次跃起，脱离苇丛的隐蔽时，就一箭射过去，老虎立刻发出一声凄厉的叫声，扑倒在苇丛里。

农夫过去一看，老虎前胸插着箭，身下还枕着一只死獐子。

老虎捕到了獐子高兴万分，却没料到中箭而死，真可谓是乐极生悲。人生在世，应该谨慎从事，不要被一时的胜利冲昏了头脑，以致丧失了对危险的警惕，否则就会埋下灾祸的隐患。

投资感悟

在股市里，赚点钱不要得意忘形，要及时锁定利润。

股市以海纳百川的胸怀随时欢迎您的加入，因为它的门槛太低，只要您年满18周岁，几十元沪深两市的开户费，而且好多证券公司还免掉，再有少则几千元多则不限的资金，您就可以到股海遨游。每只股票都明码标价，不管您看中中国石油还是中国银行，中小板还是创业板，立马就可以弄它几手，当上该公司的股东。

但是您不要简单地以为从此您就过上了白领的生活，一天只工作4个小时，还可以随时上下班，不用打卡，不用请假，敲敲键盘，听听音乐，喝喝茶。股市里的凶险是您远远想不到的。仅这个"得意忘形"的形态就很具有迷惑性。在投资过程中一定要擦亮眼，您如果感觉不到，接下来的杀伤力还是很大的。

投资哲理小幽默

最近股市行情震荡，一股友手中股票全线皆绿。收市后闷闷不乐回到家，一进门儿子就喊他"爹"，他勃然大怒，不许喊"跌"！要喊"家长（加涨）"！吓得孩子哭了起来其兄弟赶紧过来安慰小侄子，对他哥说"哥，这是干啥呢？"他大喝，不许喊"割"要喊"兄长（凶涨）"！

投资感悟

做股票是寂寞的，其实不光做股票的人是寂寞的，主力也是寂寞的，主力也需要知己，每只股票的每个波段行情，也只有看得懂主力的知己才能与主力资金共舞。主力也需要有人倾听其与K线的爱恨情仇，可是究竟有几人是主力的知己，能够随掀起的行情翩翩起舞呢？

股市谚语：在乐观中看到悲观，在悲观中主动乐观，在享受玫瑰花香的同时小心不要被刺扎。

十一、忘乎所以

"忘乎所以"的意思是指由于过度兴奋或骄傲自满而忘记了言行应该把握的分寸。出自汉代张衡《东京赋》"朝罢（疲）夕倦，夺气褫魄之为者，忘其所以为谈，失自所以为夸"。在股市里，我们把经过一波上涨以后的一根跳空高开的巨量阴线或者阳线称为"忘乎所以"。这是一张骄傲自满、凶诈的股市脸谱，给人的感觉是逼空式上涨，好像涨的什么都忘了一样，我们可不能被这样的上涨迷惑住，这根线的迷惑性和杀伤力都很大，是主力故意制造的急速上涨的假象，其真实目的是在这种一片上涨的热烈气氛中出货，是主力精心设计的诱多骗局，在实战中不得不防。

案例1：新力金融（600318）

2020年3月6日，经过一大波拉升的新力金融，开盘即跳空高开，三下五除二就把股价推到了涨停板上，涨得还真像那么回事，好像把什么都忘了一样，一副盛气凌人，高高在上的骄傲脸孔，成交量却激增，说明主力在背后悄悄派发筹码。

第二天开盘即低开，这是主力利用低开锁住昨天在涨停板上的接盘侠，自己却在慢慢派发。

然后股价没用多久，就跌回起涨前（见图2-51）。

案例2：深粮控股（000019）

2020年4月24日，连拉四个涨停板的深粮控股，开盘即跳空高开，三下五除二就把股价推到了涨停板上，但是紧接着汹涌的卖盘就从天而降，收盘时留下的下影线就是主力出货留下的痕迹。

第二天，大幅低开，昨天追涨买入的连解套机会也没有了，只有割肉一条路，盘中舍不得割肉的，收盘跌停了。

接下来，开始大幅下跌（见图2-52）。

图 2-51 "忘乎所以"是股价下跌的临界点

图 2-52 "忘乎所以"是在上涨中完成悄悄出货

案例3：宏润建设（002062）

2020年3月6日，继7个涨停板后的宏润建设，开盘即跳空高开，但成交量却放出巨量，当天换手率29%，说明主力在背后悄悄派发筹码。

第二天开盘即低开，收盘跌停。

第八个涨停板，放这么大的成交量，您想想主力资金在搞什么鬼，除了出货还能有什么，但就是有人不明白，被这种热烈的上涨气氛给迷惑住了，去接主力资金的筹码，要不您看两个多亿的成交量都是谁在卖？谁在买？主力资金可以"忘乎所以"地嗨，可以制造这种迷惑的热烈气氛，但是我们一定要沉着冷静，不要被这种上涨的热烈气氛忽悠，让他自己去自拉自唱（见图 2-53）。

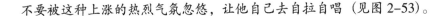

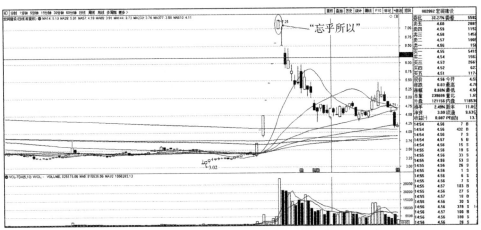

图 2-53　"忘乎所以" 出货比较隐蔽

案例 4：安洁科技（002635）

2020 年 2 月 6 日，继昨天的一字板，开盘又是大幅度高开，上涨气氛很是热烈，吸引了不少追涨的买盘，尾盘主力还把股价封在涨停板上，把热烈的气氛再次推向高潮，但是涨停板撕开的口子说明了卖盘十分巨大，收盘主力勉强封住涨停，是为了接下来能出个相对好一点的价钱（见图 2-54）。

图 2-54　"忘乎所以" 是典型的诱多

案例5：南京聚隆（300644）

2020年3月9日，经过一波拉升的南京聚隆，开盘即跳空高开，并迅速封住了涨停板，那气势，压倒一切，给人们的感觉是不知道股价要涨到哪里去？

结果第二天开盘即以跌停板低开，稍稍反弹便封住了跌停板。

第三天还是跌停，然后一路下行（见图2-55）。

图2-55　"忘乎所以"具有很大的诱惑性

投资哲理小故事

从石头到稀世珍宝

一个生长在孤儿院的男孩子常常悲观而又伤悲地问院长："像我这样没有人要的孩子，活着究竟有什么意思呢？"

院长交给男孩一块石头，说："明天早上，您拿石头到市场上去卖。记着别人不管出多少钱，绝对不能卖。"

第二天，男孩蹲在市场角落，意外的是许多人向他买那块石头，而且价格越来越高。回到院里，男孩兴奋地向院长报告，院长笑笑，要他明天到黄金市场上去叫卖。在黄金市场，竟有人开出比昨天高10倍的价格要买他的石头。

最后，院长叫男孩去宝石市场去展示，石头的身价比昨天高几十倍，由于男孩怎么都不卖，这块石头竟然被传为"稀世珍宝"。

投资感悟

在股市里，追涨杀跌是散户的普遍心理，越是买不到的股票，越是能勾起人们的购买欲望；越是下跌的股票，越是让人们敬而远之，但如果追的是明确无误的涨，而且追涨不追高，我认为无可厚非，可是您看看有的股票，重组后都拉了十几个涨停板了，还是有人奋不顾身地追进去，您认为他还会在拉十几个涨停板吗？

能够进入股票市场去坐庄，毋庸置疑，团队中最起码不缺乏技术高手，所以他们对 K 线的制造、把握、发挥都是淋漓尽致的，在出货的时候，他们肯定会把技术图形做得非常漂亮，然后才能吸引投资者去买入，但是作为投资者，在"忘乎所以"的时候能否冷静地想一下：在这么高的位置，放这么大的量，去突破？真的假的？别一看气氛热烈就往里冲，那气氛有时可能是有人故意制造的。

投资哲理小幽默

买牛奶

一个人去买牛奶。小贩说："1 瓶 3 块，3 瓶 10 块。"他很无语，于是掏出 3 块买了 1 瓶，如是三次。然后他对小贩说："哈哈，看到没，我花 9 块就买了 3 瓶。"小贩："哈哈，自从我这么干，每次都能一下卖掉 3 瓶。"

投资感悟

炒股就是和自己作斗争，改掉自己的一切坏毛病，比如自以为是、自说自话。当一个人做到了应有的好品德，如冷静、有耐心、理性、坚毅等，股票自然就做好了。

我常听到一些朋友说：我喜欢做短线，我喜欢做长线、短线不聚财，波段富得快。其实说这些话的朋友，多少都是有些以自我为中心的，您想夜里 12 点买卖股票，行吗？您最起码得尊重交易规则吧？起码要在可以交易的时间买卖吧？其实，做股票的长、短线持有还是波段操作，完全取决于您所做的那个股票本身，也就是说要尊重市场主力，它要走长期慢牛，您就长线持有；它明明在下跌，您就等等，不说等到上涨最起码等止跌再进场；它噌噌噌几个涨停板完事，您还要坚持您的长线投资原则，那是不是有些不合拍？真要这样也行，那您最起码先出局等它再调整完毕再进场吧？您一定要坚持这样，我只能说您太以自我为中心了。实际上，好多人做长线的理由并不是这样那样，而是套住了，好多时候是他们不认识这些出局信号和买入形态，不知道在哪里买卖，没有办法只有长期持有。线做得越短，技术的要求就越高，我说这话可能伤着某些投资者，可伤人不伤钱啊，良药苦口利于病，忠言逆耳才利于行！好听话谁不会说，可我尽说好听的，挡不住您的资金在缩水啊！

股市谚语：行情，在绝望中新生，在犹豫中上涨，在欢乐中死亡，在大众满怀希望中暴跌。

十二、当头一棒

"当头一棒"意为迎头一棍子，比喻给人以严重警告或打击，也比喻直截了当，毫不含蓄。当头：正对着头顶。猛地往头上打了一棒，比喻突然。清代曹雪芹《红楼梦》第117回中有："一闻那僧问起玉来，好像当头一棒。"

这个形态既然叫"当头一棒"，第一，肯定要有一根棒子，所以这个K线的实体要够大，才像个棒子的样；第二，肯定要是阴线，因为当头一棒有把人打清醒的意思，所以要是阴线，K线实体一定是高开低走的阴线。此外，还有两个要点：第一，一定要巨量，只有很大的成交量，才能确认这个形态的出货成立；第二，要在高位，位置一定要出在相对的高位或者是一波拉升之后。

这个形态和"忘乎所以"相比，虽然都是出货形态，但是"忘乎所以"更具迷惑性，"忘乎所以"让您当天还陶醉在上涨的迷惑中，"当头一棒"则让您当天就知道是上当了，主力资金的意思就是说：就是这样了，爱咋咋地吧！不计一切地出货，也根本不在乎您看出来不看出来，它不像"露头椽子"那个形态，还制造些假象，"犹抱琵琶半遮面"地迷惑您，这是一张光明正大、不遮不掩、面目狰狞的股市脸谱，但在实战中还是有很多投资者不认识这样的形态。

在某些股票书中，有把这个形态叫作"墓碑线"的，有叫作"泰山压顶"的，有叫作"乌云盖顶"的，有叫作"独上高楼"的。总之，不管怎么叫，意义就一个——出货。所以，叫什么不重要，关键是您要明白它的意思，然后才好采取措施。

案例1：交运股份（600676）

2020年1月17日，该股莫名其妙地一字板开盘，但开盘即有大量卖盘涌出，收盘形成了一根"当头一棒"的巨量出货形态，接下来6个交易日股价近乎腰斩（见图2-56）。

图2-56 "当头一棒"是股价下跌的临界点

案例2：华达科技（603358）

2020年2月11日，该股经过一波短暂急促的拉升后，收盘形成了一根"当头一棒"的巨量出货形态，而且当天的最高价主力还用了一个22.66元的对字数提醒出货，可谓煞费苦心（见图2-57）。

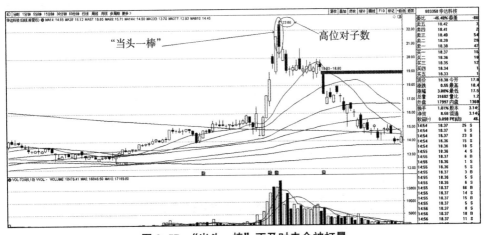

图2-57 "当头一棒"不及时走会被打晕

案例3：盛通股份（002599）

该股是典型的一日游行情，2020年2月27日，股价上攻610日均线无果，即放弃上攻，收盘形成了一根"当头一棒"的巨量出货形态，接下来的股价被这一棒打得几个月缓不过神（见图2-58）。

图2-58 "当头一棒"出货直截了当、不遮不掩

案例4：北玻股份（002613）

2020年2月27日，该股经过一波火箭式的拉升后，收盘形成了一根"当头一棒"的巨量出货形态，接下来的下跌幅度大、时间长。回顾该股，涨势凶猛、出局信号清楚、跌幅惊人（见图2-59）。

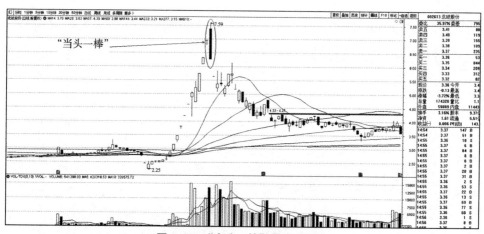

图2-59 "当头一棒"是出货形态

案例5：万马科技（300698）

该股的起涨点是在233日均线上跳起来的"鱼跃龙门"，涨势非常凶猛，2020年3月18日，一个缩量的涨停板盖过所有前高，量能的萎缩，一方面说明筹码比较集中，主力控盘程度高；另一方面也说明市场比较认同涨停，浮筹不多，市场情绪一片向好。

第二天如期涨停。

第三天干脆来个一字板。

3月24日，开盘又是一字板开盘，然而这次涨停板却不是牢牢地封住，而是犹如被泄的洪水，成交量争先恐后往外涌。股价经过短期几天大幅上升，看来主力做盘的计划已经基本实现，所以出货出得非常坚决，从当天的巨量来看，接盘非常踊跃，当天的换手率为63.23%，看来还是有很多投资者不认识"当头一棒"的技术形态，认识的话肯定不会在这里接盘，但是不知道这次的"当头一棒"能不能把他们打醒（见图2-60）。

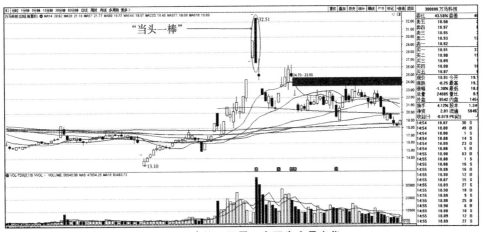

图2-60　高位、巨量、大阴肯定是出货

投资哲理小故事

火鸡的故事

某人设置了一个捉火鸡的"隐阱"。他在一个大笼子的里面和外面撒了玉米，并在大笼子上设了一道门，又在门上系上一根绳子，他抓着绳子的另一端躲在一处。心想，只要等到火鸡进入笼子，就立即拉紧绳子，把门关上。

一天，他看到有 12 只火鸡进入笼子里，正想拉紧绳子关上门时，不巧有 1 只溜了出去。他直懊悔自己拉绳子晚了，心想只要那只火鸡一回来，就关上门。然而，就在他等第 12 只火鸡回来的时候，又有 2 只火鸡从笼子里跑出去了。于是，他又想等笼子里有 11 只火鸡的时候，就拉绳子。可是在他迟疑等待的时候，又有 3 只火鸡溜出去了。就这样，机会在他懊悔、迟疑、等待中消失殆尽。最后，笼子里 1 只火鸡也没了。

投资感悟

看完这个故事，您就应该知道，卖出时，不要贪。否则的话，不但捉不到鸡，很有可能您的玉米也被鸡吃了。那就成偷鸡不成蚀把米了。

市场主力可以"得意忘形""忘乎所以"，我们一定要冷静。可以跟股价一起疯、一起闹、一起上涨，但是一定不要一起下跌！时刻要记住自己是谁。一定要在该出手时就出手！时刻记住主力资金是会随时翻脸的，不要做不盈反亏的事情。请牢记主力资金的本性。

投资哲理小幽默

我想要当头一棒

体育课上，老师拿着接力棒问小明："明天的校运动会 4×100 米接力跑，你愿意当最后一棒吗？"小明喊道："不，老师，我想要当头一棒！"

投资感悟

体育课上想要"当头一棒"是心态积极的表现，在股市里，"当头一棒"可是最后一棒，一定要出局哦！

不懂得锁定利润，坐电梯还浪费电费呢！光浪费电费倒也不是什么大事，关键是有时候还会坐到地下室去，那就有些得不偿失了。

不要只记得有俗话说，人往高处走。一定要记得还有俗话说，爬得高，摔得重！

股市谚语：越急，越不能买；越贪，越应该卖。

十三、走向深渊

"走向深渊"这个形态从字面上就很好理解，就是股价明显要下跌了。它的具体表现形式是：经过大幅拉升后，14日均线慢慢钝化、走平、向下，然后某一天一根大阴线从上而下穿越14日均线。我们把这根击破14日均线的大阴线称作"走向深渊"。这是一张垂头丧气、一脸无可奈何的股市脸谱。

案例1：卓易信息（688258）

该股是2019年12月9日上市的科创板，从上市的40.60元开始炒作，最高涨到147.70元，2020年3月5日，股价出现一根大阴线击破了14日均线，股价要"走向深渊"了，然后股价的最高价就被定格到了147.70元（见图2-61）。

图2-61　"走向深渊"是股价下跌的临界点

案例2：齐心集团（002301）

该股的股价经过两波拉升后，有调整迹象，2020年3月4日，一根大阴线击破了14日均线，股价要"走向深渊"了，有股的清仓，没有的坚决不买（见图2-62）。

案例3：赢合科技（300457）

2020年3月12日，股价经过一大波"天女散花"的主升浪后，一根大阴线击破了14日均线，股价要"走向深渊"了，接下来的股价彻底转势，从天堂向地狱走去。一根 K 线定乾坤（见图 2-63）。

图 2-62 "走向深渊" 出现在高位是出货，出现在低位是洗盘

图 2-63 "走向深渊" 后面是暴跌

案例 4：万邦德（002082）

2020 年 3 月 9 日，股价经过一波拉升后一根大阴线击破了 14 日均线，股价要 "走向深渊" 了，接下来就是万丈深渊（见图 2-64）。

案例 5：绿盟科技（300369）

2020 年 2 月 26 日，股价经过一波拉升后一根大阴线击破了 14 日均线，股价要 "走向深渊" 了，接下来的股价走上了漫漫的下跌路（见图 2-65）。

图 2-64 "走向深渊"就是股价站在悬崖峭壁边上

图 2-65 "走向深渊"是名副其实走向深渊

投资哲理小故事

渔夫捕鱼

　　有一个渔夫贪图省事，织的网只有一张桌子那么大。他出海一天也没有捕到一条鱼，垂头丧气地回到了家。邻居对他说："你织的网太小了，哪里能捕到鱼，还是把网织得大一点再出海捕鱼吧。"

　　渔夫听了邻居的话，就认真地在家织网。几天下来，把网织得和邻居的网一样大。渔夫带着他的大网出海捕鱼，一天下来，就捕到了很多鱼。他唱着歌高高兴兴地回了家。

渔夫想，看来，捕鱼多少的关键是网的大小，如果我把网织得更大，那捕到的鱼一定还要多。渔夫不再出海捕鱼，一天接一天在家织网。几天后，他把原来就很大的网又扩大了好几倍。巨网织好后，渔夫就带着它出海捕鱼去了。他花了好大的工夫才把巨网撒入大海。渔夫想，这一网收起来，鱼一定可以装满一船，想着想着，他乐得笑出了声。

渔夫准备收网了，一拉网，觉得好沉好沉，拉了半天也拉不上来。网中确实有许多鱼，鱼儿拼命地向大海深处游去，把渔夫的小船也拉翻了。

渔夫这才知道，网并非是越大越好，贪得无厌，往往会得到相反的结果。

投资感悟

做人不要贪得无厌。做股票也不要贪得无厌，要及时锁定利润。

这个"走向深渊"的技术形态就是要告诉您不要贪，它一般出现在行情的尾部，在这之前会有一些出局形态，如"露头橡子""得意忘形""忘乎所以""当头一棒""阴魂不散"等，但是如果您在这些形态出现时没有及时出局或者还抱有幻想，"走向深渊"形态出来后，千万不能再抱任何幻想了，要不就一夜回到解放前了。如同故事里的渔夫，所有的辉煌都烟消云散。

好多投资者，不是懒，而是太勤快，这只股票刚刚卖掉就赶紧买入下一只，生怕资金偷懒，殊不知，即使是再高的高手，在衔接上也不会那么天衣无缝的，股票市场的钱什么时候赚得够？外汇、期货、黄金、白银等？要懂得：弱水三千，只取一瓢饮。

在买入股票的原则上，给自己设置一些雷打不动的原则，账户肯定会灿烂得多，比如，大盘不好时，任一些个股在表演，不买；自己不在状态时，不买；个股的技术形态没有调整到位时，不买。买入时，只要买入时有一点点的别扭，不买。这样，慢慢地，您就会发现，其实您原以为会失去很多的赚钱机会而实际上并没有失去，反而是规避了好多系统性风险，而且您的成功率越来越高，简直是出手就赢，这样日积月累不光是技术达到大师级的技术，关键是您的心态慢慢地也达到了大师级的心态。人生赢家非您莫属！

投资哲理小幽默

止痒秘方

小王去赶集，看见前面有个人拿着个大塑料包，里面放着好多锡纸包儿，一边走一边吆喝："家传秘方、家传秘方，专治皮肤病，一毛一包，不灵不要钱！"小王一听不灵不要钱，赶紧凑上去买了两包。当天晚上赶巧身上刺痒，睡不着觉，想起买的药来，于是拿出锡纸包儿打开一瞧，里面是个红纸包儿，把红纸包儿打开，又是一白纸包儿，打开白纸包儿一瞧，又一白纸包儿……他越打开越着急，越着急身上越刺痒，当打开最后白纸包儿时，里面是一小纸条儿，上面写了两个字——"挠挠"。

投资感悟

是啊，痒了你就挠挠，找什么秘方。股市里想做好股票，你就苦练基本功，就能清楚地认识股价的运行规律，有效地识别主力的操盘手法，要做到这两点，其实也不难，坚持复盘就可以，没有什么捷径可走。坚持复盘三五年，股价的运行规律不用任何人告诉你，股价走到哪里了，接下来该怎么走，你会了然于胸。

冬天来了，春天还会远吗？股价"走向深渊"了，"万丈高楼平地起"也就不远了！这个时候我们要做的就是卖掉股票，静待下一个轮回。

股市谚语： 自古圣者皆寂寞，惟有忍者能其贤。

第三章　建立自己的交易系统

说到交易系统，一般投资者不是很重视，他们更偏重选择股票和买卖点位。其实，投资者应该先建立自己的交易系统，然后再在实战中慢慢地去完善这个交易系统，等到什么时候完善的可以重复盈利了，这个交易系统就可以用了。简单的事情重复做，重复做的事情用心做，您就是专家。这个时候，随便选只股票，只要是进入我们的交易系统的，都可以做出利润来。

我们所说的交易系统当然不是什么市场上可以买到的电脑程序等，而是投资者总结自己在市场做交易的感悟总结后得出的一套准则，它一定是实用的、学习型的，可以升级的。

投资者在股市里投资有时候不需要掌握太多和太过高深的理论，但一定得充分熟悉交易规则。成功的投资者一定要有一套可以升级的策略，这就是自己的交易系统，它既可以是自己搞出来的电脑程序，可以是成文的纪律规范，也可以是头脑里固化的一种无形的应变策略。有了它，即使市场上风云变幻，即使自己的账户资金暂时受损，只要系统还在，您的法则也在不断升级，您就有东山再起的条件，您才有可能修炼成市场的强者。

这个交易系统无法在某位大师的指导之下一蹴而就，不会跟高手交流一次就醍醐灌顶，更无法从什么渠道购买后即插即用，只能自己去建立、去修正、去完善。专属于自己的这一套交易系统，有一点类似于巴菲特说的"护城河"。这个系统是帮助您做出判断和操作的，它必须是根据各自的交易理念，亲自设计并不断完善的，只适合自己，只有自己才可以明白且能够运用自如的。

那么，一个交易系统应该包括哪些内容呢？最起码应该有正确的理念、雷打不动的原则、良好的心态、足够的耐心、可以重复的方法、果断的执行力和止损的时机等。

第一节　理　念

无论做什么事情都由一个想法开始，再有一个具体的思路，然后才会有具体的行动。思想通，路路通。

做什么事情都要有个理念：经商要有经商的理念；打工需要有打工的理念；做人有做人的理念；做官要有做官的理念。

炒股也一样，需要一种理念，巴菲特的理念是不做自己不熟悉的股票；五线之上强势介入，是唐能通老师的炒股理念；重兵出击，快速撤离，心随股走，及时跟变，是宁俊明老师的理念；短线不聚财，波段富得快，是一种理念；长线是金，常捂不放是一种理念；炒消息，是一种理念；追涨不追高，是一种理念；追涨不杀跌，是一种理念；跟庄，是一种理念；价值投资，是一种理念；投机，也是一种理念。不管怎么说，好的理念一定会带来好的回报。笔者的理念是纯技术分析的高抛低吸。

从某种意义上说，均线走势就是股价的运行规律，K线形态就是主力资金的化身。有人说，K线是主力资金刻意而为，笔者基本认同，可是均线呢？不也是主力资金画出来的吗？可靠吗？是有主力资金画线这一说，那么笔者问一个问题，或许您就会明白均线就是股价的运行规律，短期均线，比如5日均线、14日均线是能够通过做一根或者几根K线，对倒一些成交量来影响均线的短期走势，那么长期均线呢？就比如987日均线，一根长达四五年的均线，主力资金怎么去改变它的走势？它要走平，主力资金能否把它改变？显然是不能的。

那么反过来，不能改变的均线走势是否说明主力资金在干什么？比如14日均线上穿987日均线，我们把它命名为"飞向蓝天"是什么原因？股价上了987日均线，这时说明987日均线以内买入的人全部赚钱，那是什么原因让这987日均线内的人心这么齐？一股劲地向上？其实答案只有一个：筹码大部分都集中到主力资金手里了，所以心齐。

我们打开任何一个股票的均线系统，就能够看到股价现在运行的位置是正在做行情还是已经做完行情，是蓄势待发还是高位盘整，透过一根根K线，我们就能看到主力资金的真实面目，看到K线和均线系统，我们就不用再去打听所谓的消息，我们也不用刻意去研究股票的基本面、不用去查看它的业绩甚至不用去知道它是生产什么的，有时候，K线形态就如同一个人，如果您看到一个人骨瘦如柴、面黄肌瘦、眼窝深陷、眼圈发黑、头发没有几根……此时，这个人说自己身体如何如何健康、给您讲养生之道您会信吗？就如同看到K线"阴魂不散"的组合形态，此时的股票基本面再好，您会觉得股价会立马上涨吗？同样，如果我们看到一个人，红光满面、朝气蓬勃、气色很好。不用问就知道他身很好，很懂养生之道。就比如您看到一只股，均线系统流畅，股价涨得有板有眼（如同一个人走起路来呼呼生风），如果位置不高，还没有被爆炒过，走出任何攻击形态，我们基本就可以认定是只好股票，最起码短期内就能够给我们带来利润。

本书的大量案例揭示了股价的运行规律，再根据主力资金做的每一根K线，就能够知道股价会怎么样，接下来我们应该干什么。

炒股是个令人遗憾的职业，永远不可能完美，如果您老是因为不能卖到最高和买到最低而患得患失，那您最好不要做这个，能够卖到次高和买到次低应该是做股票人最高的追求。说得实际些，在最高时您根本不可能知道是最高，只有到了次高以后，您才能判断出刚才的最高是最高点，我们紧接着卖出就已经很完美了；次低也一样，在最低时您根本不可能知道这是最低，只有到了次低以后，您才能判断出刚才的最低是最低点，我们紧接着进入就已经很完美了。再说了，在最低时，您如果进入，被主力资金发现了有人和他在这里抢筹码，那这里就不是最低了！如果心态放得好些，每一只股票的每一波行情，不管涨多少，您只要进去在这一波行情中拿走一毛钱都是有价值的。拿走这一毛钱后，应该总结进入的点位是否能再稍微提前些？卖出的点位是否能再往后一点？争取下次拿走一毛五，而不是纠结在这次人家涨了多少而自己才拿走多少的问题。

投资哲理小故事

骆驼是怎样打败狼的

在广袤的沙漠或者草原，骆驼的天敌只有狼。

狼一向以凶残著称，它用牙齿作武器，征战厮杀，获取食物。在这一点上，骆驼肯定不是狼的对手。不过，骆驼却有另一手——它的生存手段不是进攻，而是逃跑。

每当骆驼与狼相遇，狼总是急切地发起进攻，企图速战速决，而骆驼却从不仓促应战，常常是吼叫一声，便撒开四蹄狂奔起来。

狼哪里肯放弃就要到嘴的美味，就拼命追赶。它没有料到，这一追就恰巧中了骆驼的计，狼必死无疑。

一开始的奔跑速度，骆驼当然不如狼，但跑着跑着，狼就慢下来了。骆驼见状就主动放慢速度，给狼一点鼓励，一点希望。狼果然中计，继续用力追赶，骆驼就继续逃跑，一副精疲力竭的样子，实际上真正精疲力竭的是狼。

骆驼一点一点地把狼引向无水无食无生命的大漠深处……狼用完最后一点力气，四肢发软，口吐白沫，便呜呼毙命了。

然而此刻，骆驼的力气还足着，就这样，骆驼打败了自己的天敌。

"马太效应"说，强者恒强，弱者恒弱。

骆驼是食草动物，狼则是食肉动物。初听上去，作为弱者的骆驼打败作为强者的狼，似乎是天方夜谭。事实上弱者是可以打败强者的。

其实，骆驼不是把狼打垮了，而是用耐力和智慧把狼拖垮的。在这一点上，骆驼把自己的优势发挥到了极致，扬长避短，最终取得了胜利。坚持到最后，所有的不利因素全部消失，一举改变最初被动挨打的局面，骆驼成为胜者，成为强者。

狼的贪婪本性害了自己，而骆驼正是利用狼的贪婪本性救了自己。由此可见，狼是被它自己打败的。

人也一样，一个人最难战胜的，是他自己。所以，中国有句古话：有容乃大，无欲则刚。

要打破"马太效应"，反败为胜，就是要以自己的优势击败对手，让自己成为强者。

在具体方法上，骆驼用的是耐力和智慧。除此之外，还有坚韧、勇气、忠诚、力量、坚持、计谋……一切皆可为我所用，一切皆能走向最终的胜利。

投资感悟

在股市投资，我们的对手就是主力资金。

做企业，我们讲究立项目前先做个 SWOT 分析，即态势分析，在股市也一样，先做个 SWOT 分析，分析一下我们和主力各自的优劣势。有人说，主力在暗处，我们在明处。的确，主力的资源、设备、信息、资金实力等都比我们有优势，看起来好像我们在明处，我们买股票了，主力资金可以通过盘口甚至证券公司知道我们买入的时间，资金的大小。但是，笔者却认为，主力在明处，我们在暗处，因为主力再狡猾，也逃不出进货、拉升、出货的套路，所以，进货的主力，上亿元的资金进去，在盘面上能不反映出来？如果您会看，主力资金怎么不在明处？等到主力进完货以后，就差拉升了，然后看主力有什么动作，如果洗盘，我们就再等一等，如果开始拉升，我们就跟上，这个时候，主力即使发现您跟上了，能有什么办法吗？主力的货已经进好了，拉升的资金也到位了，基本面的配合工作都做好了，媒体的造势工作也已经启动了，这时候就会为了您跟上的那一点点资金不去拉升？这正所谓"开弓没有回头箭"，主力就是发现您也没有办法，即使真的要再打压，我们的资金少，船小好调头啊，我们再出来，您要再拉，我们还进去，就好比骆驼和狼，看谁能耗得起？关键是我们要有耐心。这个时候我们的船小好掉头的优势就非常明显。我们资金都是自有资金，这一根根 K线形态就是主力的意图，不遮不掩地摆在图表上，只要我们仔细研究就不难读出主力的意图。

在生活中，不管任何领域，但凡成功的人士，一般都有自己的原则，不管在做人上还是在做事上。

在生活中，在对待金钱的问题上，笔者也有自己的原则，该用的钱一分都不少用，不该用的钱一分都不多用。

在股市里，笔者也有笔者的原则：不推荐股票；不代客理财；不接受采访；不讲大课；不和不做股票的人讨论股票；和职业投资人谈股票的话，只探讨、切磋炒股技术，不预测大势，不点评个股；专心专职醉心于研究股市脸谱。

在股市里，您如果买卖股票的原则多一点，您的资金增长可能就会快一些，下面是笔者的原则，拿出来让读者朋友借鉴一下。

（1）不买的原则。大盘不提供做多环境，不买；自己的情绪不稳定，不能心如止水，不买；个股的技术指标没有到位，不买。

（2）买入的原则。个股有笔者所熟悉认可的买入技术形态，形态出现的位置理想，大盘提供做多的环境，买入。

（3）卖出的原则。一般情况下，走出笔者所熟悉的卖出技术形态，卖出。特殊情况下，有一点的没有按照笔者的预期走势发展，卖出。不管怎么样，只要是赚的，怎么卖都是对的。

（4）坚决不借钱买卖股票。不使用有压力的资金。

让我们再来看看投资大师吉姆·罗杰斯的七条投资法则：

（1）勤奋。"我并不觉得自己聪明，但我确实非常、非常、非常勤奋地工作。如果您能非常努力地工作，也很热爱自己的工作，就有成功的可能"。

评价：一分耕耘一分收获，但也要注意看"场所"。勤奋首先是一种精神状态：每次行动之先，是缜密的思考和研究，是"精打细算之后准确地出击"！

（2）独立思考。"我总是发现自己埋头苦读很有用处。我发现，如果我只按照自己所理解的行事，既容易又有利可图，而不是要别人告诉我该怎么做。"

罗杰斯从来都不重视华尔街的证券分析家。他认为，这些人随大流，而事实上没有人能靠随大流而发财。"我可以保证，市场永远是错的。必须独立思考，必须抛开羊群心理。"

评价：每个人都必须找到自己成功的方式，这种方式不是政府所引导的，也不是任何咨询机构所能提供的，必须自己去寻找。

（3）别进商学院。"学习历史和哲学吧，干什么都比进商学院好；当服务员，去远东旅行。"罗杰斯在哥伦比亚经济学院教书时，总是对所有的学生说，不应该来读经济学院，这是浪费时间。

因为算上机会成本，读书期间要花掉大约10万美元，这笔钱与其用来上学，还不如用来投资做生意，虽然可能赚也可能赔，但无论赚赔都比坐在教室里两三年，听那些从来没有做过生意的"资深教授"对此"大放厥词"地空谈要学到的东西多。

评价：成功并不完全取决于专业知识，更主要的是一种思维方法和行为能力。哲学能使人聪明，而历史使人温故而知新，更加明智。

（4）绝不赔钱法则。"除非您真的了解自己在干什么，否则什么也别做。假如您在两年内靠投资赚了50%的利润，然而在第三年却亏了50%，那么，您还不如把资金投入国债市场。您应该耐心等待好时机，赚了钱获利了结，然后等待下一次的机会。如此，您才可以战胜别人。""所以，我的忠告就是绝不赔钱，做自己熟悉的事，等到发现大好机会才投钱下去。"

评价：知己知彼，百战百胜！不打无准备之仗！

（5）价值投资法则。如果您是因为商品具有实际价值而买进，即使买进的时机不对，您也不至于遭到重大亏损。"平常时间，最好静坐，愈少买卖愈好，永远耐心地等候投资机会的来临。"

"我不认为我是一个炒家，我只是一位机会主义者，等候机会出现，在十足信心的情形下才出击。"罗杰斯如是说。

评价："错过时机"胜于"搞错对象"：不会全军覆没！当然，最好是恰到好处契准目标！

（6）等待催化因素的出现。市场走势时常会呈现长期的低迷不振。为了避免使资金陷入如一潭死水的市场中，您就应该等待能够改变市场走势的催化因素出现。

评价："万事俱备，只欠东风"，耐心等待时机和契机！

（7）静若处子法则。"投资的法则之一是袖手不管，除非真有重大事情发生。大部分的投资人总喜欢进进出出，找些事情做。他们可能会说'看看我有多高明，又赚了3倍。'然后他们又去做别的事情，他们就是没有办法坐下来等待大势的自然发展。"罗杰斯对"试试手气"的说法很不以为然。"这实际上是导致投资者倾家荡产的绝路。若干在股市遭到亏损的人会说：'赔了一笔，我一定要设法把它赚回来。'越是遭遇这种情况，就越应该平心静气，等到市场有新状况发生时再采取行动。"

评价：一旦出击，就静待佳音，放手不管；遭遇不顺，马上休息。

这是大师罗杰斯的原则，每一个人都要有自己的原则。

下面再分享一下"民间股神"的"七不买"：

（1）放天量过后的个股坚决不买。放天量一般是市场主力开始逃离的信号。如果投资者确实对放天量的股票感兴趣，也应该等一等、看一看，可以在放天量当天的收盘价上画一条直线，如果以后的价格碰到这条线，倒是可以考虑买进的。

（2）暴涨过的个股坚决不买。如果个股行情像一根筷子，直冲上天，那表示主力资金已经换筹走人，您再进去就会被套。暴涨是靠大资金推动的，当一只股票涨到了300%甚至更高，原来的市场主力抽身跑掉时，新的市场主力不会很快形成，通常不大会有大买盘马上接手，短期内价格难以上涨。

（3）大除权个股坚决不买。除权是市场主力逃离的另一个机会，比如一只股从 3 元炒到 20 元，很少有人去接盘，但它 10 送 10 除权后只有 10 元，价格低了一半造成了价格低的错觉，人们喜欢便宜买低价，一旦散户进场接盘，市场主力却逃得干干净净。如果大除权后又遇到天量，更是坚决不可以碰。

（4）有大问题的个股坚决不买。受管理层严肃处理的先不进去，先观望一下再说，比如银广夏、科龙电器等。问题股如果出现大幅上涨，则可以肯定地认为是机构在炒作。但是，这些股票或者面临监管，或者会出现资金链断裂，风险巨大，跟进去容易完蛋，散户股驾驭不了，不值得去冒险。

（5）长期盘整的个股坚决不买。这样的股票一般是主力资金已经撤退，但还没有把筹码全部拿走。看个股要看连续的走势，长期盘整上下不大的不能买入。

（6）利好公开的股票坚决不买。这是目前投资者最易走入的一个误区。业绩就算好得不能再好，全中国股都能看到并全部买进，谁能赚钱呢？何况业绩是可以人造的。市场上有这样一句名言："谁都知道的好消息，绝对不是好消息；谁都知道的利空，绝对不是利空；利空出尽就是利好，利好放出可能大跌"。

（7）基金重仓的个股坚决不买。因为基金账户不能隐瞒，一季度公布一次。基金不坐庄，有盈利就跑。当然这个理论有时间性，在熊市里面最明显。牛市一般可以忽略不计，牛市个股普涨，基金不会抛售。熊市里基金溜之大吉，散户全部被套，所以熊市时基金重仓坚决不买。

第二节 心 态

不管做什么事，一定要有一个好的心态，在股市里也一样，千万不能急躁，认为进入股票市场就是来赚钱的，不赚怎么行，亏了更是急躁得不行，这个目的本无可厚非，但是股票自有股票的运行规律，就像大自然一样，有冬天也有夏天，并不是一年四季都是春天，太阳也是有起有落，月亮也是有阴晴圆缺，股市也不例外，所以在股市里做投资一定要有个良好的心态，那怎么样才算是良好的心态呢？

不能急。俗话说，"财不入急门"。虽然进入股市谁都不是来求高官厚禄的，都是来求财的。这不假！但是，一定要练好基本功，在该买的时候买，在该卖的时候卖，在遇见系统风险的时候和意外的时候正确的止损，钱就是个副产品，只要您把这些事情做好了，钱跟随在后面就来了。

诚然，我们买卖股票就是为了盈利，这无可厚非，但是在实际操作中，千万不要一门心思地盯住自己的账户，上去了高兴，下来了就沮丧，这样是做不好股票的，只能把自己弄得神经兮兮的，因为T+1的规则不管涨跌您当天买的都不能卖，所以您盯住账户，即使涨了高兴也是白高兴，到明天您能卖的时候下来了您还是一样的扫兴。正确的做法是：只关注买卖点位就可以了，到买点了就买入，到卖点了就卖出。操作完毕一单后再去看账户的盈亏，这才是真实的。

不后悔。买入后，不后悔。如果您买入就觉得后悔，那还是基本功不行，交易系统不够完善，这个时候要做的不是买入和卖出，而是再去夯实基本功。卖出后，不后悔。不要因为您卖出后股价又涨了而后悔。您要知道，我们追求的是买在起涨点，卖在次高点，而不是卖在最高点。要有"有福不可享尽，有势不可用尽"的洒脱、豁达、平静和淡然的心态。不以物喜，不以己悲。

平和。要有一颗平常心，不要对自己没有买到的涨停板而遗憾，股市天天都会有涨停板，而且都不会是一个，您不可能尽收囊中。守护好自己千辛万苦选出来的那只股票，只要出现买点您及时参与，出现卖点您及时出局，这就足够了。如果自己买的没有别的涨势好，那就作为自己今后的学习内容，好好研究研究是哪里出问题了，自己哪里还有不足，为什么没有选到更好的。

在股市，要懂得"弱水三千，我只取一瓢饮"。股市里的钱是挣不完的，古代的皇帝即使有三宫六院，大街上依然还会有美女。

不贪、不惧、不悔、不躁！有耐心。股市里面所需要的耐心包括两个方面：一是在没有买入股票之前，要有耐心，耐心等待股价的最佳买点，在其没有出现之前，耐心持币；二是当股价的最佳买点出现，在第一时间买入股票后，一定要有耐心持有。这个时候任凭股价怎么折腾，只要不出轨（自己的止损位），坚决持有。有时，有的股票是噌噌噌，三四天一个上升波段。可是有时候，您买入的一个慢步牛，这就考验您的耐心了，一连几天不涨，看到别的股票噌噌噌都上去了，这个时候您可能就会耐不住换股，可很多时候，您一换，刚到手的股又不涨了，而被您换掉的噌噌噌地又冒了起来。所以只要股价不出轨，坚决持有，力争把一只股票的一波行情做足。

投资哲理小故事

您有赚一亿的欲望，却只有一天的耐心

一位立志在 40 岁非成为亿万富翁不可的先生，在 35 岁的时候，发现这样的愿望根本达不到，于是放弃工作开始创业，希望能一夜致富。五年间他开过旅行社、咖啡店，还有花店，可惜每次创业都失败，也陷家庭于绝境。

他心力交瘁的太太无力说服他重回职场，在无计可施的绝望下，跑去寻求高僧的协助。高僧了解状况后跟太太说："如果您先生愿意，就请他来一趟吧！"这位先生虽然来了，但从眼神看得出来，这一趟只是为了敷衍他太太而来。高僧不发一语，带他到僧庙的庭院中，庭院约有一个篮球场大，庭中尽是茂密的百年老树，高僧从屋檐下拿起一支扫把，跟这位先生说："如果您能把庭院的落叶扫干净，我会把如何赚到亿万财富的方法告诉您。"虽然不信，但看到高僧如此严肃，加上亿万的诱惑，这位先生心想扫完这庭院有什么难，就接过扫把开始扫地。

过了一个钟头，好不容易从庭院一端扫到另一端，眼见总算扫完了，他拿起畚箕，转身回头准备畚起刚刚扫成一堆堆的落叶时，却看到刚扫过的地上又掉了满地的树叶。懊恼的他只好加快扫地的速度，希望能赶上树叶掉落的速度。但经过一天的尝试，地上的落叶跟刚来的时候一样多。这位先生怒气冲冲地扔掉扫把，跑去找高僧，想问高僧为何这样开他的玩笑？

高僧指着地上的树叶说："欲望像地上扫不尽的落叶，层层盖住了您的耐心。耐心是财富的声音。您心上有一亿的欲望，身上却只有一天的耐心；就像这秋天的落叶，一定要等到冬天叶子都掉光后才能扫得干净，可是您却希望在一天就扫完。"说完，就请夫妻俩回去。临走时，高僧就对这位先生说，为了回报他今天扫地的辛苦，在他们回家的路上会经过一个谷仓，里面会有 100 包用麻布袋装的稻米，每包稻米都有 100 斤重。

如果先生愿意把这些稻米帮他搬到谷仓外，在稻米堆后面会有一扇门，里头有一个宝物箱，里面是善男信女们所捐赠的金子，数量不是很多，就当作是今天您帮我扫地与搬稻米的酬劳。这对夫妻走了一段路后，看到了一间谷仓，里面整整齐齐地堆了约二层楼高的稻米，完全如同高僧的描述。看在金子的份

上，这位先生开始一包包地把这些稻米搬到仓外。数小时后，当快搬完时，他看到后面真的有一扇门，兴奋地推开门，里面确实有一个藏宝箱，箱上并没上锁，他轻易地打开宝物箱。他眼睛一亮，宝箱内有一小包麻布袋，拿起麻布袋并解开绳子，伸进手去抓出一把东西，可是抓在手上的不是黄金，而是一把黑色小种子，他想也许它们是用来保护黄金的东西，所以将袋子内的东西全倒在地上。但令他失望，地上没有金块，只有一堆黑色籽粒及一张纸条，他捡起纸条，上面写着：这里没有黄金。这位受骗的先生失望地把手中的麻布袋重重摔在墙上，愤怒地转身打开那扇门准备离开。却见高僧站在门外双手握着一把种子，轻声说：“您刚才所搬的百袋稻米，都是由这一小袋的种子费时四个月长出来的。您的耐心还不如一粒稻米的种子，怎么听得到财富的声音？”

伟大都是熬出来的，为什么用熬，因为普通人承受不了的委屈您得承受，普通人需要别人理解安慰鼓励，您没有，普通人用对抗消极指责来发泄情绪，但您必须看到爱和光，在任何事情上学会转化、消化，普通人需要一个肩膀在脆弱的时候靠一靠，而您就是别人依靠的肩膀。

孝庄对康熙说：“孙儿，大清国最大的危机不是外面的千军万马，最大的危难，在你自己的内心。”

投资感悟

如果不能耐心地等待成功的到来，那么只能用耐心去等待一生的失败。

投资哲理小幽默

老婆：你自己说说，你有哪点是好的？要钱没钱，我想买件衣服都办不到……

老公：嗯……老婆，至少我的耐心是好的……

老婆：耐心？

老公：是啊，我现在没有钱给你买你想要的，但是我有耐心陪你一起等到衣服降价时买给你，还有谁能做到啊？

老婆：……

投资感悟

《股票大作手回忆录》的作者李费佛说过，我赚大钱的秘密就是，我常常只是静静地坐着。

他为了等待一个机会等了六个星期。六个星期啊！什么概念？我们的一些投资者账户里一没有股票就心急火燎的。一只卖出后，着急忙慌地就买入下一只，生怕资金偷懒，耽误赚钱。

主力资金在进驻一只股票时，有时单单吸货时间就好几年，而且用好多人、好多资金去呵护一只股票，而我们投资者呢？有这样的耐心吗？我们很多投资者一个账户里面，买上好几只甚至好几十只股票，而且还在遗憾着没有买的涨停板，其实我们只需要该持币的时候持币，该持股的时候持股就可以了。

第三节 方 法

不管做什么事情，一定要有一个好的方法。炒股什么样的方法算是好方法？能够持续重复获利并适合自己的就是好方法。

笔者自己所用的方法：一次完整的操作最起码包括三手五手的轻仓试探、加仓、减仓、清仓、止损、T+0这些动作，有时候不知要重复多少次这样的动作才能完成一次心满意足的操作。就好比我们开车去外滩，虽然终点是外滩，但是我们不能一上路就把挡搁在五挡上，到外滩停下来，我们要一挡起步、加油、换挡、减挡，遇到红灯还要停一会，再加挡、减挡，这些动作都是要根据路况来进行的，最后才能安全地到达外滩。做股票也是一样的，大部分投资者认为买好后到时候一卖就可以了，其实这不是专业操盘手的做法，专业操盘手的做法是根据盘面的情况适当地加仓或者减仓或者是清仓。

买入股票之前，先要问自己几个问题：

（1）现在的大盘适合做多吗？适合，请往下；不适合，但是个股形态太完美，请减半。

（2）了解这个股票的位置处于什么位置吗？筑底？拉升初期？洗盘刚结束？

整理？盘头？下跌？

（3）上涨空间有预期吗？预期多少？到什么价位应该注意，到什么价位应该高度警惕？

（4）如果股票的走势按照自己的设想路线行进怎么办？止损价位是多少？有什么退可以守的措施？

（5）什么时候三五手挂号？什么时候加仓？什么时候重仓？什么时候减仓？什么时候清仓？

然后，请动手。

投资哲理小故事

紫砂壶

某人得一宝贝——紫砂壶，每夜都放床头。一次失手将紫砂壶壶盖打翻到地上，惊醒后甚恼，壶盖没了，留壶身何用？于是抓起壶扔到窗外。

天明，发现壶盖掉在棉鞋上，无损。

恨之，一脚把壶盖踩得粉碎。

出门，见昨晚扔出窗外的茶壶，完好挂在树枝上。

顿悟：有时事情可以等一等！看一看！缓一缓！因为……也许事情不是您想的那样！

所以，我们要学会冷静，冷静是一种智慧！

投资感悟

在股市里，我们经常会被股价的反复无常走势弄得心烦意乱，特别是买入后有时候股价会拉出一两根或者三五根不太招人喜欢的阴线，这时是不是有些懊恼？且慢，事情也许不是您想象的那样糟糕，先看看那一两根温柔的小阴线，为什么下跌得那么温柔，是不是掉在了棉鞋上？（是不是主力在洗盘，都是散户在抛出，筹码都被主力接走了，而且这个位置主力是不是也不想深洗，才会那么温柔?）

有时候，股价甚至会拉出 3~5 根的大阴线，这时也不要急，不要和笑话里的人那样，着急慌忙地把壶盖摔碎（把手里的股票不管三七二十一搁在地板上），先去看看扔出去的壶有没有挂在树枝上？这被挂在树枝上的茶壶就好比一根大阴线巨量而不跌停，为什么巨量而不跌停？巨量是不是因为前几根阴线威慑力度不够，散户不够害怕，这根阴线一大才顶不住出逃割肉而导致巨量？那为啥不跌停，如果没有人接盘不就跌停了吗？既然大家都如此害怕，又是谁如此淡定地在下面接盘？这些问题弄明白了，在股市里就有您的一席之地了。

诚然，没有一定的看盘功力和分析能力，是不会在这根大阴线里和主力抢筹码的。其实，这个时候去买股票才是真正和主力资金同步了，才真正做到了高抛低吸。当然了，买也不能多买，多买了就又不是底了，大家都在这买，主力资金就又要往下再洗洗了，少买点，等到股价开始攻击了，再加仓。

当然，再好的想法、理念、心态、原则，最后都要落到实际行动上。离开执行，等于零。要：

让眼界高瞻远瞩，

让思想异想天开，

让逻辑插上翅膀，

让梦想从心飞翔，

但是一定要让行动脚踏实地！

有人问农夫："种了麦子了吗？"

农夫："没，我担心天不下雨。"

那人又问："那您种棉花没？"

农夫："没，我担心虫子吃了棉花。"

那人再问："那您种了什么？"

农夫："什么也没种，我要确保安全。"

一个不愿付出、不愿冒风险的人，一事无成对他来说是再自然不过的事。

船停在码头最安全，但那不是造船的目的。

人待在家里最舒服，但那不是人生的追求。

书读得再多，道理明白得再透彻，还是需要具体的实际行动。

纸上得来终觉浅！学习游泳再好的教练都不如自己下水去扑腾扑腾。

投资哲理小幽默

老张找大师算了一卦，大师说老张能活 98 岁。算好后，老张骑电瓶车回家，骑得那叫一个欢快，也不管什么红绿灯，命长，就是这么任性。大师在后面拼命地追："自己作死不算啊！"

投资感悟

看过本书以后，您对股价的运行规律清楚了，股价要上涨的临界点也知晓了，是不是开始有些摩拳擦掌、跃跃欲试、急不可耐的感觉，然后就像老张那样手持尚方宝剑随随便便地把所有资产大手笔地买入卖出？这是不行的。因为对股价运行的规律您还要慢慢体会，因为股价的运行有一定的规律，但是在实际运行时千姿百态，还有很多小细节容易被忽略。比如期货市场，看对方向却爆仓的事情时有发生，为什么？做过期货的人都知道，您做空做多的大方向是没有错，可是中间的一个小小的回档就会把您的保证金扫掉，后来的走势即使和您一开始做的方向一样，那又和您有什么关系呢？

均线形态只是告诉我们股价目前的运行位置，就是要上涨的节点，如"战斗打响"这个技术形态，出现时也要看大盘环境适不适合做多，相关板块是否属于当前重灾区，这个走出均线形态的个股前期有没有过大幅的拉升，股价的整体是不是处于合适的位置，还要看 K 线形态配不配和等。就比如我们开车到某个山区路段，路边竖一牌子：事故多发路段。但是不是每一辆车开过来就会发生事故？不是的。发不发生事故还是要取决于司机。

股价走出了均线形态，会不会立马上涨？还要看看 K 线形态的配合，K 线形态代表的是主力的意图，如本来均线运行到这里股价上涨合乎规律，但是操盘手由于种种原因不拉升，我们还是一样的要再等等；或者主力由于种种原因提前拉升，就比如"鱼跃龙门"这样的技术形态，顺理成章的是等 14 日均线上穿 57 日均线，在节点"战斗打响"处上涨最经典，可是主力操盘手由于特殊原因需要提前拉升，这时我们也要做好准备。兵来将挡水来土掩。

笔者在详述股价运行规律和主力操盘手法后，总结提炼出来两种买入法——低吸和追涨。低吸就是 14 日均线、28 日均线和 57 日均线三个地方，追涨就是在这三个地方低吸后，股价收出放量上攻阳线加仓追涨，57 日均线下面的股票一般不参与，有效跌破 14 日均线，止损。14 日均线就是我们的操盘灵魂线，谐音"要死"，线上面就是要活，线下面就是要死。

最后再来说说止损。

说到止损，要先说养成一种好的习惯，那就是盈利，要把盈利养成一种习惯，不要养成买入股票就是为了止损的坏习惯，一旦陷入不停止损的循环怪圈，立马要停止操作一段时间，止损要快，不要拖，买入后，如果股价没有照着我们的预期走，立马斩掉。

止损的问题是操作行为中的核心问题。当考虑止损问题时，实际上是在选择：如果止损后价格反转，止损的操作岂不吃亏；如果不止损，价格继续走势不利，损失会扩大，甚至会全军覆没。这使笔者想起了历史上的一个故事。

战国时代，有三个国家齐力攻打秦国，已经打到了函谷关。秦王准备割让函谷关外的三个城池向三国讲和，就问公子池的意见。公子池说："割让了您会后悔，不割让您也会后悔。""为什么？"公子池说："割让三城，三国退兵，您会想：三城这样轻易失去太可惜了。如果不割三城，三国打进咸阳城，您又会想：早知如此，割让三城就好了。"秦王说："我宁愿割让三城而后悔也不愿等三国打到咸阳而后悔。"

其实，止损的目的也在于此：宁伤皮肉，不动筋骨。笔者有好多次都因止损而失去赚钱的大好机会，但这对笔者影响并不大。然而几次不忍止损的错误却差点使笔者再也没翻本的机会。

另外，也不要乱止损，这点在期货市场体现得更为明显些，做期货时，如果您的方向是在跌势中加仓，往往您设置的止损点就是股价反弹的最高点，等您止损后，您会发现，您的止损点位恰恰是加仓的最佳机会。

在多头行情中，往往在突破以后，您会加仓，并设置一个止损点位，等您止损后，您会发现，您止损的地方恰恰是加仓的好机会。

有关这点一两句话说不清楚，在这里不多赘述。

您只要记住，股价要运行在该运行的轨迹里面，在这个轨迹里面是允许有些折腾反复，这时候一定要提高自己的防震仓能力。

例如，按照"万丈高楼平地起"这个技术形态买入的股票，卖出的大概位置在哪里，心里要有个数，这个时候的股价是典型的空头排列，行情不会一气呵成，一般情况在股价运行至57日均线附近，会有压力。时间上一般需要5~10天。在这十天里，股价的运行只要不太出格，我们都要拿住，不要乱止损，允许有些小折腾。那怎么样才算不太出格的小折腾？

按照"万丈高楼平地起"这个技术形态买入的股票，如果盘中的回调都是打到14日均线附近而没有有效突破，或者是破了14日均线以后又迅速拉回的话，就算有度，可以容忍。但股价运行中只要有效向下突破14日均线，此时应该坚决止损（见图3-1）。

图3-1 "万丈高楼平地起"的涨幅一般从14日均线到57日均线的空间

该股在第一个买点"万丈高楼平地起"时出现第一个涨停板，一扫多日来的颓废，扬眉吐气地站上了14日均线（途中买入的箭头所指处）。

接下来的11个交易日，股价走走停停，但是不管股价怎样的曲曲折折还是如期走到了该去的目的地——57日均线附近。到了57日均线附近途中的卖出箭头所指处，当天的股价最高是20.93元。57日均线的数值是20.64元。股价的收盘价是20.72元。

如果您对"万丈高楼平地起"技术形态的形成过程、原理、买入时机、卖出区域等这些要点都弄明白了，买入卖出都是非常从容的，而且利润也是相当可观的。但是如你的基本功不过硬，在这 11 个交易日里，您很有可能在图中箭头所示"小折腾"的任意一处被震出局，重新上涨时您又觉得卖错了又再次买回，每次都这样高买低卖的话，这时候的小折腾可能就不是小折腾了，就是要命的大折腾了。

止损没有错，但是不能乱止损。更是不能像有的投资者一样，买了就错，错了就止损，好像买股票就是为了止损而买，那样就失去了炒股的本意，资金更是大受损失。

第四章 我行，你也行

第一节 我的炒股路

2001 年，我（笔者）历经在国营单位上班、开公司，经历过混日子、成功、失败、又成功、又失败以后，又踌躇满志地在上海开了一家公司，到 2003 年，两年时间，做得也算顺风顺水，公司规模也由创业初期的三五个人发展到了四五十人，小有成就，自我感觉也不错，俨然一副成功人士模样。

物以类聚、人以群分。我做生意，朋友多而且朋友中也是做生意的居多，你来我往也算"往来无白丁"。平时一起吃饭，茶余饭后总会有人谈论股票，我就觉得好像不做股票挺落伍的，于是在 2003 年的一天，就去开了个户，然后就不知深浅地一头扎进了股市。

初期的买入很简单，看哪只股票顺眼，买上一些；听哪只股票名字响亮，买上一些；饭桌上有人说起哪只股票，买上一些；电视里的专家推荐哪只股票，买上一些；朋友之中谁买哪只股票了，义气般地买上一些，朋友嘛！然后就放在那里，工作一忙，全忘记了。工作之余，打开账户看看，七上八下，有涨有跌的，亏赢都有过，因为不是我的主业，所以没有太在意。

2006 年的时候，行情扑面而来了，幸福来得太突然，甚至都没有做好准备。

2007 年 10 月，大盘涨到了 6124 点，大家都知道的，这个点位的背后每个人赚了多少钱我不知道，反正我是赚了不少钱，当时的我三十来岁。农村出身的一个放牛娃，在灯红酒绿的上海不但开公司了，而且做得风生水起；不但买股票了，而且股票涨了好几倍，赚的钱多到让我不敢相信是真的。

三十而立年轻的我，醉了！幸福得醉了！

站在外滩的黄浦江边，望着对面璀璨的东方明珠和高耸入云的几座高楼，浮想联翩。在这些胜利成果的刺激下，我有点忘乎所以，不能自已，于是我在办公室写下不着天际的五年奋斗目标，

上海，属于我。

我，无所不能。

战无不胜！

然而，好花不常开，好景不长在。

一年之后，2008 年 10 月，大盘跌到了 1664 点。

这个点位也是大家都知道的，甚至很多人是刻骨铭心的，至少我是。

在 2006 年到 2007 年 10 月，股票是买什么什么涨，什么时候卖出都是错的，虽然卖出的时候还是赚了一大笔钱。

既然这样，还开什么公司？所以我将重心由原来的兢兢业业经营公司，逐渐转移到了全心全意炒股。一开始，那种操作顺手的程度让我觉得，要不了多少日子，巴菲特充其量只能排个老二，我才是股市真正的股神。

可是这种好日子并没有持久到让我打败巴菲特，而是在 2007 年 10 月 16 日创下 6124.04 的新高点位后，戛然而止。辉煌不再继续。

但当时我还以为是和前些日子一样的短暂调整，不只是我这么想，电视里的专家、股评家、学者、媒体……大家都是这么说的。

那怎么办？虽然已经没有钱再加仓，但是被套的肯定不能卖！

接下来，不仅是不涨，还下跌，不但下跌，幅度还不小，怎么办？专家说了，"千金难买牛回头"。

既然这样，只守仓是不够的，因为被套太多，翻本不易，而且机会既然这么难得，一定要加仓才！可是早已满仓，哪来资金？

好办！这么多年，交了不少朋友，借点。这么好的"千金难买牛回头"的机会不能错过！

接下来，牛回头是不假，但那时候好像是一去不回头。最起码短期内没有回头的意思。深陷其中的我并不知道牛是怎么想的。只能听听专家的意见。去市场看看书，看看学者是怎么说的，书市里最显眼的一本书是《牛市一万点——中国财富大趋势》。书皮是我所期待的大阳线颜色，上面闪亮地写着："黄金十年——

2007~2017 年，中国股市迎来大牛市"，我想买回来研究研究。最起码也要和大家一起迎接大牛市的到来嘛？

再说了，既然是一万点，现在一半都不到，舍不了孩子套不住狼！但借钱是没有指望了，因为能借的都已经借了，放到股市都迅速缩水了，还不上不说，还不敢吭声，哪能再借！

那咋办？办法总比困难多！成功学的书读的一摞一摞的，遇到事不实践那不白读了？

卖车！卖房！富贵险中求嘛！

卖好后，钱放在包里都没有捂热，第一时间转入股市。

结果并不是我想那样，买回来的书塑封还没有拆，卖车卖房的一笔不小数字的钱已经化为乌有。

后来，2008 年夏天，天气非常热，但我心冰凉。

萧瑟秋风今又是，换了人间。

所有的物质财富随着指数的下行烟消云散。不仅如此，还负债累累。我成了亲朋好友中的罪人、瘟神。除了要账的找我，其余的人都躲着我。

接下来的日子很不好过，虽然现在看来是磨炼我的意志，但当时我并不是这么感觉的，而且当时也感觉不到，当时的感觉只有刺骨的寒意。

现在回过头来看，专家说的"千金难买牛回头"之处正是"落下帷幕"处（见图 4-1）。

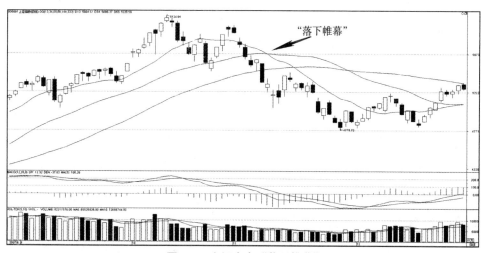

图 4-1　上证大盘"落下帷幕"

后面借钱、卖车卖房筹集的资金都补在了大盘从 6124 点到 1664 点的路上。在大盘从"落下帷幕"到"不求上进",再到"执迷不悟",再到"去意已决",再到"年已过完",再到"曲终人散"后,所有的演员和观众都已经散场离去,连跑龙套的都陆续撤离了,只留下一些志同道合、无知无畏的散户和我用全部家当换来的这些钱在苦苦支撑,用尽洪荒之力试图把大盘顶回一万点,可是大盘不但始终不领我的情,而且好像丝毫也没有感觉到我的这番诚挚的心意。对我来说,不少的资金投进去连个涟漪都没有激起。从"落下帷幕"后就不管不顾地迈着不紧不慢的步伐走到了 1664 点。走向了"暗无天日"。我也从此过上了暗无天日的日子(见图 4-2、图 4-3)。

在这期间,专家、学者是这么说的:

6124 点:千金难买牛回头。

5500 点:短线回调洗盘是为了更好上涨。

5000 点:长期跌底,大胆买入。

4500 点:大盘已经跌无可跌了。

4300 点:做空相当危险。

4000 点:中线建仓机会来临。

3500 点:目前点位不宜盲目杀跌。

3000 点:印花税行情,政策铁底。

图 4-2　上证大盘"不求上进""执迷不悟""去意已决"

图4-3　上证大盘"年已过完""曲终人散"

2500点：八成机构认为大盘已见底。

2000点：永远不可能跌破。

1800点：中国股市已没有希望。

1664点：中国股市必须推倒重来。

我也曾经疑惑过、退缩过，可是朋友在一次饭局中给我来首诗打气：

我欲清仓归去，

又恐迅速反弹，

踏空不胜寒。

与其储蓄负利，

不如厮混其间，

少追涨，勿杀跌，夜安眠，不应有恨，获利总在无意间。

月有阴晴圆缺，股有横盘涨跌，此事神难料，价难懂，

但愿股长久，你我共赚钱！

这么有文采，说的话肯定不假。

冲着这么有才的诗，我也坚决要抵抗到底，既然选择了远方，就只能风雨兼程，心无杂念地在钢索上前行。

结果不但没有迎来光明，反而是老太太过年——一年不如一年。

这时，朋友又送了我一首小诗：

一年炒股两茫茫，

先亏车，后卖房！

个股跌停，无处话凄凉！

纵使涨停应不识，绿敷面，鬓如霜！

大涨幽梦眼放光，睡不着，吃不香！

相股无言，惟有泪千行。

料得明朝肠断处，不要慌，跌死几个很正常！

不，千万不要跌死我，我还不想死，我还年轻，我还盼着一万点普天同庆的好日子呢！

一指苍茫处，淡淡流年香。

人活在世上，必定经历很多，承受很多。

经历，不是沧桑，是沉淀。

承受，不是苦难，是历练。

在沧桑中领悟，在历练中成熟，迎一袖风，绽一树香，静品淡藏。

趟过岁月冷暖，感知生命厚重，苦过、甜过、爱过、恨过、哭过、笑过、疯过、闹过才是人生。

被这个世界遗弃的孤独的我，早已没有了前些年小老板时的意气风发。从小失去父母孤儿的苦痛经历给了我力量，给了我能吃苦耐劳的身体和性格，给了我坚强不屈的毅力，读过的励志书籍虽不如千年老人参那么大补，但这个时候还是适时地给予我力量。

英国某哲人说，没有在深夜痛哭过的人，不足以谈人生。但现在的我连哭的本钱都没有了，因为我还欠了人家一堆债，我只能打起精神……虽然我的内心几乎是崩溃的……

而且，我是一个男人！我可以没有才高八斗，学富五车，但是我一定要有自己的一技之长，无论怎样，我还要养家糊口啊！我可以暂时放下自己的目标和追求以及远大的理想和儿时的抱负，但是我对家庭、对妻儿、朋友兄弟都还有自己的责任啊！我不能被击败、被打垮！我要经得起风，容得下雨。

不管怎么样，太阳还会照样升起，日子还要继续。我一定要有山一样的脊梁，经得起磨难、受得了打击，只要生命还在，一切还能再来。

其实，在股市有时候亏点钱，并不一定是坏事，长远看甚至是好事，但当时的感觉真的是天塌地陷、没有方向。

人在快乐的时候，一般不容易懂得到很深的道理。如果感受一次痛苦，有智慧的人就会思考很多，学到很多。痛苦是一种经验，也是一种教育，依靠它，可以让自己内心强大，还能生起一种同理心，理解别人的情绪和感受，对别人的痛苦萌发慈悲心。

股市里每一段的上涨下跌都见证了我的不屈和坚强。

我深信，道路是曲折的，前途是光明的！

可是，现在的我就像一只趴在玻璃上的苍蝇，前途一片光明，可是出路在哪里？

我一片茫然……

夜，已经很深了，黄浦江两岸万家灯火渐次熄灭，号称"不夜城"的大上海都沉睡了，我还在电脑前对着 K 线图苦苦寻觅。

"路漫漫其修远兮，吾将上下而求索"……

两耳不闻窗外事，

一心研究 K 线图！

从此，我和书交上了朋友。

《道氏理论》《江恩理论》《波浪理论》《股票大作手操盘术》《股票作手回忆录》《证券分析》《混沌理论》《专业投机原理》《时间与周期》等，虽然让我似懂非懂，却让我知道，股市原来是有规律的。

当然，在对西方著名的证券理论研究之余，我更是倾心于研究符合中国特色的国内大师们的理论和著作，如学识渊博的李志林博士、有系统专业知识的严仁明老师、实战经验丰富的唐能通老师、职业背景深厚的薛敦方老师、邯郸成语故乡的宁俊明老师等。

《香港股史》《十年一梦》《炒股的智慧》《胜战者》《智战者》《善战者》《绝对涨停》《一路涨停》《短线必杀》《狙击涨停板》《猎取主升浪》《借刀斩牛股》，以及"一线牵牛股"系列、"股是股非"系列、"短线是银"系列、"黑客点击"系列、"短线天王"系列、"股市天元"系列、"大炒家"系列等，让我茅塞顿开，其更加接地气地告诉我：股市固然还是有些不法庄家的，原来在监管不到的地方，还是有一些非法庄家在操控股价的！股价有时候还是会被不法分子人为操纵的！

中外传统智慧书籍，如《孙子兵法》《道德经》《三十六计》《人性的弱点》《人性的优点》《心理学》《组织行为学》等让我醍醐灌顶：各行各业的道理竟然是相通的！

天行健，君子以自强不息；

地势坤，君子以厚德载物。

一路风雨一路泪，

一路辛酸一路歌。

酸甜苦辣咸个中滋味，也只有自己才能体会得到。

股票的两种走势就把我折腾得生不如死，2007 年前的上涨和 2008 年后期的下跌。

2007 年的上涨把我推向巅峰，让我兴奋得不知所以。

接下来，2008 年的下跌把我修理得面目全非，不人不鬼。

饱尝了世态炎凉的我，在成功辉煌、失意落魄的各个不同时期也目睹过了不同的世间脸谱，同时也亲身经历了股市的上涨、盘整、下跌、反弹等各个不同时期的股市脸谱。

成功过、失败过、苦过、甜过、爱过、恨过、跌倒过、爬起过、哭过、笑过、疯过、闹过、激动过、兴奋过、亏过、赢过、荒唐过、得意过、迷茫过、清醒过……我的股市人生也算圆满。

但是，在这上涨过程中，也不是完全像一字涨停板一口气涨上来的，也是有着各种欺骗性的和琢磨不透的各色各样的股市脸谱。

2008 年后的下跌，虽然有些猛烈，但也不是一字跌停板一口气跌下去的。中间也是经过一波三折，反复唱着花色的股市脸谱一路诱多下去的。

于是，我从残酷复杂的经历中，把股票每个时期上涨和下跌的真真假假的脸谱，按照实战技法，形象地用脍炙人口的词语，总结成一套精确把握每个上涨和下跌的精确临界点的系统，形成了《股市脸谱》这套书。

现在，我把它毫无保留地分享给您，希望您能早日摆脱亏损，实现您的股市人生！

投资哲理小幽默

我是黑马

儿子期中考试没考好。老爸从股市上回来，一听到这消息，立刻大发脾气道："没想到您这孩子这么不争气，竟然是一只绩差股"，说罢抡起巴掌就要打人。儿子一听赶紧哭道："老爸，您别慌，我现在是行情低迷，正是黑马前期走势，期末考试我保证是一匹黑马。"

期末考试结束，儿子把成绩单拿回来，老妈一看，大喜道："真不错，语文飙升，85 分；数学小涨，92 分；英语横盘，75 分；政治止跌反弹，85 分；物理已经企稳，80 分；只有化学微跌，74 分，不过还在上升通道。"老爸忙接过话："你小子，看来还真是一匹黑马，注意要保持强势，力争上排行榜，再创新高。我和你妈是准备长期投资的。"

第二节　路在脚下

读到此，相信您已基本对股价的运行规律了然于胸了，股价究竟是处于什么状态，打开图表一看，是在筑底，还是走势忽明忽暗，方向不明？还是顺着 14 日均线在稳步上行，还是在高位震荡发货？还是在顺着 14 日均线顺流而下，还是破了 14 日均线又迅速拉回？一目了然。均线形态就好像是赛车道的护栏，再加上如交通信号一样的 K 线，是继续前进，还是等待？是轻仓试探，还是重仓出击？清清楚楚、明明白白。相信你不用再去打听消息，听股评或者是异想天开期待不可能的奇迹发生。

但是，这是否就意味着你从此可以过五关斩六将，一路快马加鞭冲向胜利的凯旋门，迅速成为一名职业操盘手？肯定也没有那么简单，任何一个行业的成功就好比一个链条，这个链条由若干环节组成，缺少任何一环，这个成功的链条都不能运转。但读完本书您知道了使劲的地方，比如登泰山，本书告诉了您从哪里可以登顶，但具体的登顶还是要您出身汗，走很多路，才能到达。读完本书，希望您能够避免地走很多弯路。

从前有一个人，从魏国到楚国去。他带了很多的盘缠，雇了上好的车，驾上骏马，请了驾车技术精湛的车夫，就上路了。楚国在魏国的南面，可这个人不问青红皂白让驾车人赶着马车一直向北走去。

路上有人问他的车是要往哪儿去，他大声回答说："去楚国！"路人告诉他说："到楚国去应往南方走，您这是在往北走，方向不对。"那人满不在乎地说："没关系，我的马快着呢！"路人替他着急，拉住他的马，阻止他说："方向错了，您的马再快，也到不了楚国呀！"那人依然毫不醒悟地说："不要紧，我带的路费多着呢！"路人极力劝阻他说："虽说您路费多，可是您走的不是那个方向，您路费多也只能白花呀！"那个一心只想着要到楚国去的人有些不耐烦地说："这有什么难的，我的车夫赶车的本领高着呢！"路人无奈，只好松开了拉住车把式的手，眼睁睁看着那个盲目上路的魏人走了。

那个魏国人，不听别人的指点劝告，仗着的马快、钱多、车夫好等优越条件，朝着相反方向一意孤行。那么，他条件越好，他就只会离要去的地方越远，因为他的大方向错了。

这个寓言告诉我们，无论做什么事，都要首先看准方向，方向正确才能充分发挥有利条件；如果方向错了，有利条件只会起到相反的作用。在股市里尤其如此。

您读了这本书，最起码方向有了，先定一个小目标，接下来，努力吧！

努力不一定成功，但是不努力一定不能成功。

一和尚要云游参学。

师傅问："什么时候动身？"

"下个星期。路途远，我托人打了几双草鞋，取货后就动身。"

师父沉吟一会儿，说："不如这样，我来请信众捐赠。"

师父不知道告诉了多少人，当天竟有好几十名信众送来草鞋，堆满了禅房的一角。隔天一早，又有人带来一把伞要送给和尚。

和尚问："您为何要送伞？"

"您的师父说您要远行，路上恐遇大雨，问我能不能送您把伞。"

但这天不止一人来送伞，到了晚上，禅房里堆了近50把伞。

晚课过后，师父步入和尚的禅房说："草鞋和伞够了吗？"

"够了够了！"和尚指着堆在房间里小山似的鞋和伞，"太多了，我不可能全部带着。"

"这怎么行呢？"师父说："天有不测风云，谁能料到您会走多少路，淋多少雨？万一草鞋走穿了，伞丢了怎么办？"师父又说："您一定还会遇到不少溪流，明天我请信众捐舟，您也带着吧……"

和尚这下明白了师父的用心，他跪下来说："弟子现在就出发，什么也不带！"

做一件事情，重要的不是身外之物是否完备，而是有没有决心！有决心了，拟定目标了，一切都不是问题！请带上自己的心上路吧，目标在远方，路在自己脚下！每迈出一步，都是一点收获！带心上路，一切外物自然俱足！

本书中穿插了不少小故事和笑话，表面上是故事和笑话，实际上很多投资的哲理都蕴藏其中，希望投资者多用心体会。

书里穿插的小笑话不但起到投资之余丰富生活，关键是拿别人的经验自己来用，少走弯路，少出洋相，实实在在地走好自己的投资之路。笑笑别人，提防自己闹笑话。

再次强调一下规律的重要性，人体有 365 个穴位，一年刚好 365 天。人体有四肢，一年有四季。人体有 12 条经络，一年刚好 12 个月。脊椎有 24 节，一年刚好 24 个节气。人有 7 窍，一个星期有 7 天。人与大自然完全吻合，所以我们要遵循大自然的规律！

在股市做投资一定要尊重股价的运行规律。

股价的运行规律我们再来捋一遍，股价从"万丈高楼平地起""拉开序幕""战斗打响""花好月圆""前程似锦""欢喜过年""万马奔腾""展翅高飞"一步一个台阶运行到"天女散花"（股价的主升浪），然后股价再经过"天女散花"主升浪后运行到一个相对高的一个区域，然后再经过"露头橡子""多事之秋""得意忘形""忘乎所以""当头一棒""阴魂不散""走向深渊""落下帷幕"……开始股价的漫漫"暗无天日"之路。

说得简单一些，就是从"拉开序幕"到"落下帷幕"，再从"落下帷幕"到"拉开序幕"，周而复始，接替运行。

最后，再和大家分享一个投资哲理小故事，作为本书结束的最后一个小故事，衷心祝愿读者朋友像故事里的老和尚那样——得道！

一个行者问老和尚："您得道前做什么？"

老和尚："砍柴、担水、做饭。"

行者问："那得道后呢?"

老和尚："砍柴、担水、做饭。"

行者又问："那何谓得道?"

老和尚："得道前，砍柴时惦记着挑水，挑水时惦记着做饭；得道后砍柴即砍柴，担水即担水，做饭即做饭。"

大道至简，平常心即是道。我不敢说您读过本书就得道，但是从此以后最起码要以一颗平常心去看待股票的涨跌，涨就是涨，跌就是跌，不要在涨的时候战战兢兢，东想西想，而在跌的时候疑神疑鬼，也不要再盲目去抄底。

股票自有它的运行规律，而且涨的时候自有它的起涨形态，比如 14 日均线通过长期的下跌走平了，慢慢上翘了，"万丈高楼平地起"了，"势如破竹"了，"连闯两关"了，"鱼跃龙门"了，"起死回生"了……您跟上就是了。下跌的时候它同样也会告诉你，比如"得意忘形""露头椽子""当头一棒""走向深渊""落下帷幕"……在这些形态没有走出来的时候您耐心等待，在这些形态走出来，都实实在在地摆在那里，当看到这些下跌形态时，您只需要潇洒地离去，并再去找那些起涨形态切入就可以了，长此以往，您不得道谁得道?

俗话说：会买的是徒弟，会卖的是师傅，会空仓的是师爷。

会买，认识"万丈高楼平地起""拉开序幕""战斗打响""花好月圆""前程似锦""欢喜过年""万马奔腾""展翅高飞""天女散花""势如破竹""一箭双雕""鱼跃龙门""蜻蜓点水""起死回生""老鼠打洞"等进场形态，并能在大盘提供做多的环境中及时买入，恭喜您，您已经入门了。

会卖，认识"得意忘形""露头椽子""当头一棒""阴魂不散""忘乎所以""走向深渊""落下帷幕""不求上进""执迷不悟""去意已决""年已过完""曲终人散""穷途末路"等出局形态，并能够及时出局锁定利润，股市赢家的大门已经向您敞开，您去主力资金金库拿点钱花是应该的，也是必需的，那是对您认识这些图形并理解它们的市场意义所付出艰辛的一种奖赏。

会空仓，您是肯定财务自由了，炒股赚不赚钱对您来说好像也没有那么挂心了，股价的上蹿下跳不会再把您弄得紧张兮兮，睡不着觉了，K 线在您眼里也不是原来的模样，真正能理解 K 线的内涵了，通过 K 线能读懂 K 线背后的一个个故事了，此时的您会有一种看透人生，甚至看破红尘的风轻云淡的感觉，您会更敏感花开花谢、日出日落、云卷云舒。

　　成功的路上不挤，因为能够坚持的人不多。

　　努力开始吧，朋友！

　　我行，您也行！

后　记
懂得感恩

一个人，要学会感恩。我们一出生就要感恩自己的父母，感谢他们的生育养育之恩，我们每成长一步都要感恩，感恩我们的老师、亲人、社会……

我们要感恩天的滋养万物和地的厚德载物。对太阳的感恩，那是我们对温暖的领悟；对蓝天的感恩，那是我们对蓝得一无所有纯净的一种认可；对广袤草原的感恩，那是我们对"野火烧不尽，春风吹又生"的叹服；对大海的感恩，那是我们对兼收并蓄的一种倾听……

因为感恩，才会有这个多姿多彩的社会；

因为感恩，才会有真正的爱情；

因为感恩，才会有真挚的师生情；

因为感恩，才会有血浓于水的父子情；

因为感恩，才让我们懂得了生命的真谛。

在现实生活中，我们往往忽视了自己已拥有的，认为理所当然；对于自己没有的，又会抱怨命运的不公，仿佛这个世界欠我们很多。其实，这样的想法是幼稚的，我们在任何时候都应该有一颗感恩的心。要感谢那些伤害您的人，因为他们磨炼了您的意志；感谢那些欺骗您的人，因为他们丰富了您的经验；感谢那些轻视您的人，因为他们觉醒了您的自尊……要怀着一颗感恩的心，感谢命运，感激一切使您成熟的人，感恩周围的一切。

感恩，是一种生活态度，常怀感恩之心，知恩图报，以德报怨，无愧于心，潇洒坦然地在人世间走一回！

落叶在空中盘旋，谱写着一曲感恩的乐章，那是大树对滋养它的大地的感恩。白云在蔚蓝的天空中飘荡，绘着那一幅幅感人的画面，那是白云对哺育它的蓝天的感恩。

朋友相聚，酒甜歌美，情浓意深，我们要感恩上苍给了我们这么多的好朋友，让我们享受着朋友的温暖，生活的香醇，如歌的友情。

走出家门，放眼花红草绿，莺飞燕舞，我们要感恩大自然的无尽美好，感恩上天的无私给予，感恩大地的宽容浩博。

走进股市，原是那么杂乱无章的无字天书，在发现股价的运行规律后，原来的杂乱无章显得那么的井然有序、涨跌分明。我静静地读着这无言的表白，感受着这无声的较量，享受着这买入就涨、卖出就跌的乐趣。

我感恩祖国，感谢党，庆幸自己生在中国、成长在红旗下；

我感谢政府，给我们提供这么好的环境和操作平台；

我感谢主力，让股价上蹿下跳，给了我们博取差价的机会；

我感恩父母，感恩他们的生育养育之恩；

我感恩奶奶，在我幼年之时父母离我而去后含辛茹苦把我养大；

我感恩岳父大人，教育我厚德载物；

我感恩姐姐，如母亲般的照顾我；

我感恩堂哥和堂弟，虽不是一母同胞，但情同手足；

我感恩妻子，理解并支持我的工作，与我同甘共苦、荣辱与共，成就了今天的我；

我感恩我的几个好兄弟，蓝天燃气的米新玉、正博国际教育机构的刁喜旺、叶俊……在我危难之时给予我无私的帮助；

我感恩经济管理出版社，让我的想法变成铅字和读者见面；

我感恩勇生老师慧眼识珠，更是感谢经济管理出版社老师为出版本书所付出的辛苦编审工作；

我感恩雄九集团董事长、雄商学院张启明老师倾囊相授的无私奉献；

我感恩慧恩集团董事长、安学投资控股集团张安学老师，平时及时提供操盘建议以及对本书出版的大力支持；

我感恩上海正恒文化传播有限公司董事长王刘刚先生、上海宛雨景观设计工程有限公司总经理车晓黎、上海通策信息技术有限公司总经理董伟春先生对我的信任以及给我提供宽阔的操作施展平台；

我感恩读者，是您愿意花钱买我的书，才使此书畅销；

我更感恩您认同我的想法和观点，愿意付出您的宝贵时间和精力和我一起共度!

　　每天写作到深夜，很辛苦，但是有您们的一路陪伴，值！

　　让我们：

　　一壶浊酒喜相逢，

　　均线 K 线到天明吧，

　　有缘人！